全国小学生校园美文精品集萃丛书

七色阳光
小少年

踮起脚尖的思念

《语文报》编写组 编

时代文艺出版社

图书在版编目（CIP）数据

踮起脚尖的思念 /《语文报》编写组编. —长春：时代文艺出版社，2018.8（2023.6重印）
（"七色阳光小少年"全国小学生校园美文精品集萃丛书）

ISBN 978-7-5387-5904-4

Ⅰ.①踮… Ⅱ.①语… Ⅲ.①作文－小学－选集 Ⅳ.①H194.4

中国版本图书馆CIP数据核字（2018）第129098号

出 品 人　陈　琛
产品总监　郭力家
责任编辑　徐　薇
装帧设计　孙　利
排版制作　隋淑凤

踮起脚尖的思念

《语文报》编写组 编

出版发行 / 时代文艺出版社
地址 / 长春市福祉大路5788号　龙腾国际大厦A座15层　邮编 / 130118
总编办 / 0431-81629751　发行部 / 0431-81629758
官方微博 / weibo.com / tlapress
印刷 / 北京一鑫印务有限责任公司
开本 / 700mm×980mm　1 / 16　字数 / 153千字　印张 / 11
版次 / 2018年8月第1版　印次 / 2023年6月第5次印刷　定价 / 34.80元

图书如有印装错误　请寄回印厂调换

编 委 会

目 录

踮起脚尖的思念

记忆里，那一份温暖

今年春天我很担忧

一个永挂嘴角的微笑

阳光路上

　　幸福是成长道路上老师的一句赞语、父母的一声叮咛、同学眼里羡慕的目光，还是指间的一缕阳光、身旁的一阵清风，抑或满园醉人的花香。

等我长大，你再老去

左晓凡

今天，阳光甚好，我去看望奶奶。一进大门，就看见奶奶倚在轮椅上靠在门口晒太阳。只见她头微微昂起，双眼微闭，脸上是一副享受的样子。这温暖的阳光衬托起奶奶独有的一份慵懒，是我见过最温馨的画面。多希望时间能定格在这一刻，让奶奶不再变老，让她永远都能感受到这般阳光的温暖。

奶奶已年近古稀，身体还算硬朗，只是双腿已不能行走，是在年轻时受了伤没有及时得到治疗而耽搁的，这几年一直依靠轮椅活动。她是位饱经风霜的老人，岁月已在她脸上刻下了道道痕迹，她那一头原本乌黑浓密的头发变得花白而稀疏。她是位乐观的老人，即使身体残疾，也从不抱怨，依旧生活得开心自在，她是位坚强的老人，即使双腿不能行走，也从不让自己闲着，一有空她就拿起毛线，织件毛衣，织个围脖或织双手套，我们家几乎每个人都有奶奶亲手所织的一件衣物，一到冬天，它们便派上用场，为我们抵御寒风，送来温暖。

从小，我是奶奶看大的，后来由于上学的缘故离开了奶奶身旁。每当有节假日，我第一时间就是放下手中所有事情去看望奶奶，奶奶总是会把平日积攒的舍不得吃的东西留给我，有时还塞给我零花钱。奶奶虽然没上过几天学，但她对我的学习特别关心，她最喜欢的事就是在一旁静静地看我写作业，有时还会坐着轮椅为我削个苹果或递杯水，夏天的时候，手摇蒲扇，为我纳凉驱蚊。

人间自古重真情，真情最贵属亲情。每当我想起奶奶昔日对我的爱，泪水就会不由自主地流下来，这泪是甜的，是感激的，是动情的。

时光时光你慢慢地走，时光时光请你善待我爱的老人。亲爱的奶奶，我们做个约定，等我长大，你再老去，我会尽我所能给你我所有的好。

精彩读书生活

车碧洁

003

追抚阳光，寻求一份快乐；仰望蓝天，享受一番天地；抚慰流云，收获心灵宁静。品味读书生活，如置身蓝天下——精彩无限！

精彩 求知

涉足书山，我们在校园播种希望，待明朝收获一片金色；徜徉书海，我们与名流高谈阔论，向伟人虚心讨教。书海里，我们领略了唐诗的华丽、宋词的柔美，华夏文明的广博；书海里，我们吮吸着书的芬芳，心中萌动着知识的快意，细细品味，酣畅淋漓，便沉醉于春的萌动，夏的蓬勃，秋的硕果，冬的洁白。于是，课堂里多了一双双渴求的眼睛，教室里多了一个个伏案的身影，图书馆里多了一颗颗迷醉的文学心。我们洒下汗水，留下奋斗的身影，为一小题争得面红耳赤，为艰辛的收获欢呼雀跃，为明日的朝阳而奋发向上。因为求知，创造我们五彩的年华，丰富我们光艳的人生；因为求知，让读书生活——精彩！

精彩　风雨

　　步入竞争的跑道，我们奋力飞奔，沿着勤奋的阶梯，不断攀向知识的高峰。黑夜中披星戴月，晨曦中采下晨光，步履向前，盛一个美好梦想，拼搏！然而揪心的叉叉圈圈"红色花朵"终究判定我们的晴空，失败的滋味渗入内心，苦涩难言。辛勤的汗水，付之东流，却还以一个漠然的冷酷。但我们不会被失败牵绊，不会因乌云而感伤。重整旗鼓，整理心情，我们要逾越困难，不管生命中有多少风和雨，我们都会一路走来，一路歌唱，迎接下一轮艳阳。风雨，让我们失落，更令我们有所感悟。我们会在前方跑道上一往无前，上下求索。因为风雨，成功之花绽放在生命的枝头，让我们欣然触摸到生命的芬芳；因为风雨，让读书生活——精彩！

精彩　朝气

　　我们是待放的花苞，是初升的太阳，朝气蓬勃！我们闪烁着自信，焕发着热情！

　　瞧，运动会上，我们英姿飒爽，振臂高呼，向前冲刺，为荣誉而进取。我们对失误爽朗一笑，将胜利化为坚毅的脚步。听，我们为队员加油呐喊，为他们鼓劲助威，为我们的热情，我们的友谊，我们的执着大声喝彩！朝气是我们的代名词，我们更是时代的弄潮儿。因为朝气，让生命美丽、充实、高洁；因为朝气，让读书生活——精彩！

精彩——我们的拼搏！

精彩——我们的勇敢！

精彩——我们的青春！

如沐阳光的快乐，如享蓝天的惬意，如抚流云的宁静，读书生活——精彩无限！

想　念　你

张跃娟

每每想起过去那一段日子，你我两个好友因六年级分班而有了很深的隔膜，不再形影不离时，总会使我不寒而栗。

现在，每当我和你走在一起，说说笑笑时，我不由得感谢，感谢那瞬间的感悟，使我们重归于好，使我更加感受到友情的可贵。

小时候，总以为友情是天长地久的，身边的朋友能在白发苍苍时，依旧相互扶持着走在海边，任海风徐徐地吹，两颗心贴得更近。

永远都记得小学二年级分班时，我最好的朋友因此离我而去，我们中间隔了好多座冰山，似乎永远化不掉。我记得那时你对我说我们的友谊不会这样，我们的友情会像七八月的太阳，融化所有的冰山。

那时，我笑了，我相信，友情不是沙滩上的楼房，不会轻易破碎。

然而，七年级，当我们分班一年后，在学校走廊上，我们再次相遇的那一幕，却总隐约闪现于我的脑间，知道吗？当时，我的心都寒了。

我们擦身而过，目光正视前方，都没有容下对方的身影。我回头，看到你和同班的好友说说笑笑，失落感油然而生，曾几何时，我们不是也那样亲密吗？

几次的相遇，几次的冷漠，几次的擦身而过。我好像看到我们之间隔了越来越多的冰山，我们的心离得越来越远。我真担心，当我们的心各位于世界的两端时，想挽回，还来得及吗？

记得那一天，又是走廊上的相遇，我望着你，要不要做一下努力？也许唤一声，我们就会像过去一样形影不离。现在的疏远，只是互相都不知道对方在想什么。那么，我要不要跨出这一步，保住我们玻璃般的友情呢？

我不敢，不知道喊住了你，该说些什么？你近在咫尺，但我却好像看到你离我越来越远，我想伸手抓住，但却抓不住。

你走得越来越近，要不要喊你，我的心一直在打鼓。你越来越近，看着你，我突然明白了：我们现在是两块互相排斥的吸铁石，离得越近，弹得越远，只有一个人改变方向，我们就可以再次被紧紧地吸在一起了。

这份友情，我不愿放弃；这份友情，我要存留。我终于跨出了这一步，我唤出了你的名字，我再次看到了你明亮的目光，看到了你阳光般的笑容，我跟着你笑了。我知道我们之间的冰山已经在渐渐消逝，我们的友谊，在与日俱增。我不再犹豫，不再徘徊了。

那个瞬间，看着你的笑，我明白了：一步虽小，却值千金。友情需要阳光，友情需要温暖，友情不需要疑惑与徘徊。瞬间，我感悟到了，生活中的很多事，像友情一样，需要迈出这第一步，需要努力去争取。没有勇气去尝试，没有勇气去尝试失败，成功的喜悦就不会到来。

拍微电影痛并快乐着

何睿奇

周六，妈妈带我去拍微电影。在路上，我好奇地想："微电影是怎么拍的呢？一定很好玩吧？难不难呢？估计是张飞吃豆芽——小菜一碟！"

一会儿，我们来到了拍摄地点。我昂首挺胸、精神抖擞地来到摄影室，一进去就看见两架"威猛"的相机，张开大口对着我，好像在说："小朋友，孙悟空你一定很喜欢吧，今天就让我来帮助你圆梦吧。"我开心地换了一身金色的衣服，伸伸胳膊，扭扭腰，还潇洒地做了几个《西游记》中孙悟空挠头的武打动作，心里好不得意，心想："孙悟空神通广大，今天终于可以做一回机灵聪明的孙悟空了！"

开始拍了，起初，我还感到很简单，孙猴子不就是扑、跳、跑那几招吗？可后面就不妙了，有很多高难的动作，飞腿、劈叉、跳高，我上蹿下跳，一会儿工夫，我就累得气喘吁吁，大汗淋漓。摄影师只好停下来，让我休息了五分钟后，再次悉心指导起来——踢腿要有力、出拳要到位、前滚翻要连贯……

半个小时过去了，我已经头晕眼花，分不清东西南北了，负责拍摄的那位帅气的大哥哥笑着说："小朋友，要做孙悟空，可不能怕吃苦啊！"大哥哥将机器暂停，再次让我休息几分钟，我才缓过气来。接着又开始打坐。可是打坐也没有想象的那么容易，两腿要盘起来，背部要挺直，打坐了几分钟，我的腿脚就麻木了。拍摄完，我一下子就瘫倒在地上。拍摄微电影真没有想象的容易！

拍摄的光盘出来了，我和妈妈津津有味地欣赏起来。看到自己辛苦拍摄的成果，我开心地笑了。第一次拍微电影让我难忘！

阳 光 路 上

楚田歌

幸福是什么？我常常望着天空，有意无意地双手托腮，傻傻地想。

幸福是童稚时印在妈妈脸上的一个吻吗？幸福是成长道路上老师的一句赞语、父母的一声叮咛、同学眼里羡慕的目光，还是指间的一缕阳光、身旁的一阵清风，抑或满园醉人的花香。

听爷爷、奶奶说，他们那个年代，如果一日三餐能填饱肚子，那就是世间最幸福的事了。我惊奇地张大嘴，怎么也不敢相信爷爷、奶奶对幸福的奢望竟然那么简单！现在，这一切在我们这个时代早已不再是问题了哦。是啊，历史的车轮已经进入了21世纪，哪家哪户现在如果连肚子都还填不饱，岂非天方夜谭？党的政策这么好，只要有一双勤劳的手，什么都不是问题哟。不是吗？改革开放的春风早已"吹绿江南岸"，吹绿大江南北、长城内外、吹绿雪域高原、巴山蜀水。

中国，我们伟大的母亲，经历了多少劫难，她终于站起来了！她用行动向全世界证明，中国将永远屹立在世界的东方，昂扬不倒！

听爸爸、妈妈说，他们那个时代的农村娃，也想通过读书这条路，"鲤鱼跳龙门"，走向外面的世界。可是，那个时候，学生那么多，升学率又那么低。考大学真的是"千军万马过独木桥"。虽然很多同学成绩同样优秀，可是却考不上。泪洒梦想场，痴痴学子情，真让人感慨唏嘘。

那一代人，虽然能填饱肚子，但精神生活依然贫乏。渴望阅读许许多多的课外书，却无书可读，精神成长的岁月里，荒芜一片。犹如行走在沙漠的黑夜，那是怎样一种滋味啊？！没办法，那时候，一方面书籍少，而更重要的是，农村本来条件就不好，哪里还有多余的钱来买课外书籍读啊？纵然想借，大家都没有藏书，找谁借？

听着爸爸、妈妈的讲述，我真的很难想象，在那段"精神沙漠"的漫漫成长岁月里，他们那一代人是怎样走过来的？

末了，爸爸、妈妈总不忘补上一句："闺女，现在你们生活在一个好时代，可要好好珍惜啊！"

从爸爸、妈妈的话语和眼神里，我读出了另外一层意思。他们那一代人当年如果能赶上这么一个前所未有的好时代，该多好啊！那一刻，我动容了，动容得想酣畅淋漓地大哭一场。不过，这不是缘于感伤，而是缘于喜悦和庆幸。庆幸我们这一代人与这样一个伟大的时代不期而遇，真的太好了！

现在，我们国家早已阔步迈入"小康时代"，生活质量日益提高，文化生活日益丰富，阅读课外书籍也早已不再是梦想哦。人们不仅有钱买书看，而且，借阅书籍也不再是难事。就拿我们学校来说吧。近几年来，因为上级领导的重视，爱心人士就曾多次向我们学校捐献图书。现在，我们学校有了图书馆，藏书近八千册，可够我们这些"小书虫"陶醉书海，流连忘返哟。

走，踏春去

刘友晴

周末，我们和爸爸妈妈去踏春。

迎着春风，晒着暖阳，我们来到了义乌市鸡鸣山。一路上，有茂盛的大树和翠绿的小草相伴，小鸟清脆地叫着，好似在为我们歌唱，欢迎我们的到来。

我们沿着小径走上山顶。放眼一望，哇，这里真美啊！小树刚冒出鹅黄的嫩芽，小花擎着粉嘟嘟的花朵，大片的四叶草在春风中摇摆，活像跳舞的仙子。

妈妈说："艾草是在春天发芽，艾草叶可以做清明馃，我们去找艾草好吗？"我欢欣鼓舞地说："好啊！"

妈妈先找了一棵艾草让我看，我发现艾草上面是嫩绿色的，背面是灰白色，每片叶子上都有分叉，有点儿像芹菜的叶子，有一股浓厚的清香味。认识它后我开始睁大眼睛寻找，一棵棵艾草躲在藤蔓中，就像在和我们玩捉迷藏，时而现，时而隐，时而多，时而少。有一些艾草长在荆棘之中，为了避免割到手，我们必须小心翼翼地才能把它摘下来。妈妈说摘艾草可有讲究了，要摘最嫩的顶端部位，就像采茶叶一样。

摘完艾草，我们向田野走去。田野里有金灿灿的油菜花，红艳艳的桃花，紫莹莹的豌豆花，还有一些色彩鲜艳的不知名的花，我们好像徜徉在花的海洋中。田野里，还有勤劳的农民伯伯在播种，这不禁让我想到了——"一年之计在于春"这句话，农民伯伯在春天的辛勤劳动定会获得大丰收。

这次踏春让我感受到了春天的美丽，也让我明白了春天是播种希望的季节，只有在春天里勤奋耕耘，秋天才会收到丰硕的果实。

奋斗与梦想

张晓萌

011

奋斗，扬起黑发，放飞梦想。

——题记

展翅高飞的鸟儿，带着我的梦想，飞翔吧；空中鲜红的太阳，带着我的梦想，燃烧吧；提起手中的笔，带着我的梦想，奋斗吧！

心中总有那么一丝的触动，勾起蕴藏已久的梦想，我倚在窗边，沐浴着那温暖阳光，享受着这宁静的分分秒秒，昂起头，望着蓝天中的鸟儿，带着我那蓝色的梦，翱翔在洁白的云朵中，总是那么纯洁，惹人喜爱。阳光越来越炽热，暖着我的心，提起伴我成长的笔儿，翻开那温馨的日记本，挥洒着辛勤的汗水，记录下一天的点点滴滴……

那一天，我站上了主席台，深情地演讲着，心在不知不觉中被填满了，也许，我真的长大了。烈火已燃烧，心暖暖的，高歌吧，我做到了，我成功了！当我挂上那光荣的名牌——学生会副主席，戴上那鲜红的袖章——学生会监督岗时，我心潮澎湃，百感交集，我知道，这是全校师生对我的信任，也是对我的考验，从此，我不再是那整天嬉笑的小女孩儿了，我的肩上多了责任。

在爱与痛的交织中，在昼与夜的轮回中，我寻寻觅觅，在满天繁星中，我终于找到了属于我的那一颗星星，那么闪亮，那么灿烂，在天空中调皮地眨着眼睛，那样纯真，那样开朗，它虽不是最闪亮的一颗，但却是最耀眼的一颗，因为我会用希望与热情去点燃它，丰满它，让它，一点一点做到最亮最闪，让它发光发热，不仅自己美，也会感染他人，共同照亮整片天空！

我知道，再多的华丽语言只不过是一时的激情与智慧，真实的行动才是开在成功彼岸上的鲜花。

奋斗、梦想，连成一条线，共同点亮整个"星空"。

012

谢谢！一路美景

卢珊珊

任时光流转，世事变换，我们坚信我们始终手牵着手。一路走过，你是我生命中最美丽的风景。

百合长裙擦过小腿，偶尔几片枯叶踏着蹒跚的舞姿飘到了窗前，阳光透过窗棂照射在了我的瞳仁里。窗棂上的两只小青虫正在摇头晃脑地前进着。这让我想到了我和你，和你在梧桐树下青涩的谈话：

"以后的路，无论多冗长、崎岖，你要记住：我会陪你一路远行。"

你说这句话时眼眸里满是真诚，我也便信誓旦旦地说："远行的路上，你就是我眼中最美的风景。"

阳光透过梧桐树的叶子照射在了我满是童真的脸上，我们脚踩着细碎的阳光，在树下许下愿望："我们永远愿做遥望大树却依然茁壮成长的孩子。"

你还记得吗？那个躁动的九月，我拉着你的手一路狂奔，眼眸里洋溢着的懵懂与无知。我们自如地穿梭在拥挤的人群里，不顾旁人那奇怪的眼神。年少的我们真的很狂妄欸！

忘了吗？那次我们一起站在七月的尾巴上呢喃，因为到了暑假我们就要分别。你说，我向右，你向左，永远别回头。我们无奈地松开了双方的手，缓缓前进着。阳光把地上的影子拉得很长，看起来都显很寂寞。但没走几步，我们便都回过头来，又拥抱在了一起。我们知道，人生是一次漫长的远行，我们彼此需要着。缺了对方，我们眸中的风景便会黯淡。只有你才能装饰我一路上的风景。

013

有多少个漆黑的夜晚，我们一起躺在草地上，用身体做成"大"字形。我们一起抬头仰望没有星星点缀的夜空，但并不觉得它没有色彩。因为，有你在我身旁。你说过你喜欢夜空。是因为，夜空就像一座空城，没有世俗的喧嚣，只有幸福与满足。但我觉得那座空城并不空，因为那里有你也有我。它会因我们而变得花团锦簇。细碎的阳光在指尖上跳跃着，幸福的花瓣撒落一地，照在地上的阳光，那是我与你友情的颜色。

你问我，一对朋友是否会在时隔多年后变得陌生？我说不会，也不会是我们！是的，不会！因为我一路上都会拥有最美的风景，而你就是我一路上最美的风景。落日的余晖映照着你的容颜，你变得更加俏丽迷人，我想我会拿把刀子，把你的容颜刻在我最缱绻的回忆里。

任时光流转，世事变换，我们坚信我们始终手牵着手。走过一路，你就是我生命中最美的风景。

巴士逃生记

徐昱婷

少先队员每天都要戴红领巾。我呢，既有一条红领巾，又有一条蓝领巾。这条特别的蓝领巾是我参加巴士逃生安全活动时，教官发给我的。

今年7月6日上午，我参加了蓝领巾夏令营的巴士逃生安全活动。早上八点，我和妈妈、奶奶来到了大名府。我们三十个小朋友分成红、黄、蓝三队。等了一会儿，来了一个瘦瘦的、黑黑的、神气威武的教官。他先作了自我介绍，然后给我们讲解了一些简单的逃生知识。他还特别介绍了一种"国际敬礼法"：右手大拇指压着小指，代表大的保护小的，另外三根指头伸直并拢，在左眉毛旁敬礼。在讲解的过程中，顾教官不时地讲一些笑话，让我们放松紧张的心情。

活动正式开始了。第一个项目是紧急逃生。教官要求我们上车并系好安全带。他一拍手，我们就像热锅上的蚂蚁一样，一边喊一边向车门冲去，用了三十七秒钟才完成任务。顾教官严肃地说："这样可不行。按你们的速度，浪费一秒就等于牺牲了一个人。"于是，我们再次挑战。第二次用了三十二秒，进步了。上车后，车厢里突然浓烟滚滚。我们连忙用衣服捂住鼻子，弯着腰，弓着背，一个跟着一个

有次序地下了车。我和同学们呛得不行，顾教官则像父亲对待孩子一样，亲切地让我们喝水解呛。我的眼泪都流出来了，也不知道是感动的，还是被呛的。

第二个项目是击碎玻璃。我戴上手套和眼罩，拿起安全锤，使劲儿地敲击玻璃，可玻璃却安然无恙，丝毫没有要碎裂的意思。顾教官手把手地教我："用锤子的尖头对准一块玻璃角，因为四个角是最脆弱的，中间是最牢固的，不容易被敲破。""当！当！当！"一下，两下，三下，功夫不负有心人，我终于把玻璃敲碎了！

第三个项目是在垫子上学习翻滚。顾教官先亲自示范，然后让我们一个一个地在垫子上练习。激动人心的实践时刻到了——我们得从两米高的巴士车窗跳到垫子上。看着同伴们一个个从不敢跳到勇敢地跳下，我紧张得心都冲到喉咙口了。终于轮到我了。我伸出双脚，坐在车窗上。教官鼓励了我好几次，可我还是纹丝不动。"你再不跳，同伴们都要牺牲了！"听到这句话，我眼泪直流。我咬紧牙关，把心一横，眼睛一闭，跳了下去，在地垫上翻滚了好几下。顿时，现场掌声雷动，我既高兴又感动，一头扑进了奶奶的怀里。

短短的三个小时像龙卷风一样过去了，我们三十个小伙伴都学会了巴士逃生的本领，也懂得了"遇到困难要冷静地想办法"的道理。我真是既高兴又自豪！

四周鸟鸣环绕，一声叠着一声，整个一个翠绿盎然的世界！

015

出海捕鱼记

谭亦环

在澳洲旅途之末，我们准备游览大洋路。

刚坐上大巴车，导游就宣布了一条令人震惊的消息：走完一趟大洋路需要四个小时！我一算，来回要走八个小时？不就是一条野外公路嘛，只有一个正式景点，实在是令人失望。

我们行驶在郊外的路上，正当我盯着窗户发呆时，导游的声音响起："我们马上就要驶入大洋路了，途中你们将会看到温带雨林和卧龙湾。"温带雨林？我从小到大还没有见过一次真正的雨林哩！这勾起了我的兴趣，让我对这次旅行不再反感。

忽然，我察觉到了四周景物的变化：树木开始变得繁多，巨树随处可见，林中更加幽暗。"各位，温带雨林到了，快打起精神，感受一下吧！"导游喊道。

大树粗壮的树根盘在地上，仿佛条条巨蟒；枝干交错，遮天蔽日。阳光透下来，光影斑驳，给雨林增添了神秘、久远的色彩。灌木又低又密，灌木下面有小花、野草；四周鸟鸣环绕，一声叠着一声，整个一个翠绿盎然的世界！突然，我看见一个灰色的小东西趴在树上。啊，是考拉！考拉格外可爱，圆圆的小脸上镶嵌着如同黑珍珠般的大眼睛，圆润而深沉，两只毛茸茸的小耳朵，十分惹人喜爱。

汽车驶出了温带雨林，我们眼前出现一片如诗如画的景色，一边是水，一边是丛林。天很蓝，阳光照耀下，卧龙湾的海面散发出神圣的光芒。微风拂过，海面微波浮现，缓缓地、一圈一圈地散开。

穿过这片美景，我们在咖啡馆里享用了一顿别有风味的午餐。来不及休息，我们便向大洋路的正式景点"十二门徒石"驶去。一下车，我们就走上观景台。海面上矗立着几块巨石，有的高有的低。这些石头已经站立了数万年，有些由于海浪经年累月的冲击已经坍塌，豪迈中透出无尽的沧桑。它们静静地立在那里，仿佛洞察万物；又像一位位战将，守护着这如诗如画的大地。湛蓝的天空万里无云，几只洁白的海鸥从天空飞过，留下一串串鸟鸣在天空徘徊。看着此情此景，我脑海中突然闪过一句话：此景只应天上有，人间难得几回逢！

一天的游览结束了，虽然很疲惫，我却兴致盎然，不断地回味着温带雨林、考拉、蓝蓝的海水，还有那世间少有的美景"十二门徒石"……澳洲大洋路啊，真是一个实实在在的人间天堂！

017

妈妈可以"下岗"了

陈亦迪

妈妈平时在工厂上班，挺辛苦的，回到家我就帮着妈妈一起做饭。我在厨房"耳濡目染"，慢慢地也学会了炒菜，只是妈妈不让我插手，怕我速度慢，做得不好吃。一天，我终于有机会下手做了。

那天下午放学回家，妈妈不在家，我看见桌上有张纸条，上面写着："亦迪，你外婆生病住院了。你自己做饭吃吧，我要去医院陪你外婆。"没有妈妈在，顿时觉得家里冷冷清清的。

　　我走进厨房一看，饭已经煮好了，案板上放着洗好的菜，碗里放着切好的肉，电磁炉上放着已经熟了的汤。我只要把汤热一下，炒一下菜就可以开饭了。那还不容易，说干就干！我先热上汤，然后开始炒菜。我拧开煤气罐，打开煤气灶，打开吸油烟机，等锅烧热，在锅里放了点儿油，油一热，赶快将肉下了锅。肉在锅里噼噼啪啪地响着，突然溅出几滴油，烫到我的手背，好疼！不管它，赶紧下菜。菜一下锅，锅里顿时冒起几缕白烟，很快又被吸油烟机吸走了。我翻炒了几下，赶紧下盐巴、鸡精，又搅拌了两下，一盘美味佳肴新鲜出炉！这时，汤也热好了。我将菜和汤端上了桌，津津有味地吃起来。菜的味道还不错，只是咸了点儿。吃着自己做的菜，我觉得无比自豪，心中自言自语道：妈妈，这下，你在家可以"下岗"了。

　　晚上我写完作业，爸妈才回来。"外婆没事吧？"我着急地问妈妈。"嗯。过几天就好了。""妈妈，我今天自己炒的菜味道好极了，明天你不用给我煮饭了，我要自己煮米粉汤，那可是我的最爱！我自己来，你可以'下岗'了。"妈妈听了抚摸着我的头笑着说："好，好！亦迪长本事了！"

永远解不开的梁子

邓博文

　　我和张如萱结下梁子了。

那是在一次班会，张如萱向我发起挑战："你们男生只会干粗活、重活，能歌善舞全是我们女生的专长。你敢跟我比比细活吗？"

"谁说我们男生就不会，梅兰芳是男的女的？"我不服气地回应道。

"那只是特例，你会吗？"张如萱不屑一顾。

"谁说我不会！"我被推上了峰尖浪顶。

"那我们比比看！"张如萱发出挑战书。

"比就比，谁怕谁！"我毫不示弱接下挑战。

在一旁的女生哄然大笑，前仰后合。男生则在一旁打气："加油！你行的！为男生争光！"

张如萱穿着一身白裙，跳起了天鹅舞，舞姿优美，像仙女下凡，赢来阵阵掌声。轮到我了。我咬咬牙，飞快地寻找着文艺细胞，好不容易想起幼儿园时学到的小天鹅舞。我旋转着肥胖的身子，挥舞着粗壮的手臂，大家忍俊不禁，有些人甚至差点儿喘不过气来。结果可想而知……

张如萱不可一世，趾高气扬地说："不行了吧，服不服输？"

"一周后我们再比！"我坚定地从牙缝里挤出这几个字。

回到家，我赶紧查找有关资料。我想，男生比较适合跳街舞。我急忙调出视频，对着视频练习了起来。我模仿机器人的动作，柔中带刚。刚开始练习时，动作十分笨拙，但我一想起张如萱那盛气凌人的面孔，心里实在咽不下这口气。我暗暗提醒自己：坚持，不能输给小女生！

在学校，课间十分钟，我不断地征求男生的意见，苦练舞技。

转眼间，一周很快过去，比赛时刻到来。男生女生齐聚操场，加油声响彻云霄。

张如萱一如既往，拿出她的撒手锏，一副稳操胜券的样子。

我信心满满地登台，随着音乐，有韵律，有节奏地跳起了街舞。

我仔细地做着每一个动作，迎来了阵阵喝彩。

经过评比，我俩实力不相上下。

张如萱走过来，微笑着对我说："没想到，你还真有两下子。"

我笑了笑，说道："这一回咱们不分胜负，我们下一回合定要分个输赢！"

我们的梁子永远不会解开。我想，在成长的旅途中，找一个实力相当的人作为对手，不正解了人生旅途的孤寂感吗？

难忘的周末

伊鹏飞

020

这个周末真有意思，我跟随二舅观看了电影《梨花情》的拍摄，晚上回想起来，都让我思绪翻滚，难以忘怀。

一大早，我和二舅乘车来到了原平市楼板寨乡王家营村。这里山清水秀，风光秀美。下车后，才知道这里正在拍摄电影，难怪村里的广场上人山人海，那么热闹呢。

我怀着一颗好奇的心走了过去，人太多，人挤人，连气都喘不过来。大家都在看拍电影，全场鸦雀无声，演员们正在走戏，导演不满意，一遍又一遍地，不停地重拍，我想做演员真辛苦啊，光一个场景，就重拍了二十多次，演戏真是太难了。

中午，二舅安排我和剧组的叔叔阿姨们坐在了一桌。他们都是演员，其中有两位大家都很熟悉，一位是《亮剑》中的常乃超师长，一位是土匪头子谢宝庆。两位大腕看起来就像邻家大叔，很和蔼，我们还合了影，他们鼓励我好好学习，让人感觉很温暖。在两位大叔的关照下，我的午饭吃得有滋有味，大米饭加烩菜，真香真好吃。

下午，二舅有事没有陪我，我就和二舅同来的朋友们去小河边抓蝌蚪、逮青蛙、捞小鱼儿，看瀑布飞流，看小桥流水。

时间过得真快，不觉已近黄昏。回去的路上，我们特意去了原平市最大的水库——观上水库，那一望无际的水面，烟波浩瀚，犹如大海一样宽广，湖面上小船荡漾，飞鸟盘旋，让人流连忘返。

汽车走在回家的路上，道路两旁的林荫道，正值初夏时节，嫩绿光鲜，风景无限秀美，想起这一天的郊游，真让人浮想翩翩，难以忘怀啊！

她的"自画像"

周 迪

她爱哭。她的自控能力特别好，哪怕受到再大的委屈，也不会在众人面前或者在僻静的地方独自号啕大哭，而是默默地哭，但又看不到她的泪水，因为她习惯于让泪水在心里静静流淌。

她爱笑。她从不隐藏自己的心情，几乎每天都会开心地笑。在校园里遇见老师、同学会挥手微微一笑。在校园外邂逅亲朋好友，会露出惊喜的幸福的笑。就连上课听讲也不忘向老师会心一笑。

她坚强。自小爸爸就往她脑子里灌输"从哪里跌倒，就在哪里爬起"的做事道理。失败、挫折对她来说是再平常不过的事情了。考试不及格，她会主动从自身分析原因，争取下次赶超别人；长跑失败，她会不惧严寒早起继续加强训练，直至夺冠，同学和老师无不称她为"不服输的女孩儿"。

爱撒娇。她只在一个人面前爱撒娇——奶奶。在她美好的心灵深处，谁也替代不了奶奶在她心目中的位置。因为奶奶是最疼她的人、最爱她的人、最能读懂她心思的人。

臭脾气。当她生气或心情不好的时候，一般不要去招惹她，否则，她会不讲三七二十一，劈头盖脸对你大发雷霆。过后，她又会主动地向你说声"对不起。"

脑子笨。有时别人说一句意思非常简单的话，她硬是要愣怔片刻，而后忙点头才明白别人的意思。更甚者，有的她压根就没明白过来，只好私下寻朋友作进一步的解释。

她喜欢静，一个人在没有任何干扰的环境里，畅快地聆听忧伤的歌。

她喜欢闹，和朋友痛痛快快、疯疯傻傻地一块儿玩耍。

······

哟，你看我这记性，只顾慌着给大家介绍她的"自画像"，差点儿忘了告诉大家一个小秘密。其实呀，文中的她就是我哦——一位普普通通、说不出到底是什么性格的乡下女孩儿——周迪。

弟弟还小

陈怡璇

　　今天发生的这件事，虽然令我伤心，但是我不会放在心上，因为，弟弟还小。

　　当时，我正在妈妈的店里背《中华经典诵读》，妈妈走过来对我说："怡璇，弟弟想吃糖呢，你带他去买吧！"我愉快地答应了，拉着弟弟的手，大步流星地出了门。买完糖，我随手摸了摸口袋，竟然摸到了两块钱。"噢，原来是前几天买零食找的零钱啊！"我一边自言自语，一边拉着弟弟径直走进了旁边的两元超市。"弟弟，你挑一个小玩具吧，我给你买。"弟弟兴奋地挑了一个塑料小恐龙，爱不释手。我笑嘻嘻地付了钱，毕竟这是我对弟弟的一份心意呀。

　　回到妈妈店里，弟弟一边玩玩具，一边吃着糖。我笑着说："弟弟，你的糖给我一颗吧？"弟弟犹豫了一下，说："不给！"我说："我还给你买了一个玩具呢！""我的糖三块钱，你的玩具两块钱。你把玩具拿走吧，我不要了。"弟弟不耐烦地说。这个贪吃的小家伙，根本不知道他的话深深刺痛了我的心。我有些伤心地坐下来，整个下午都心不在焉的。

　　晚上，弟弟早已睡去，我坐在书桌前，心烦意乱地拿出《中华经典诵读》，翻到今天背诵的那一页。突然，我心中微微一震，眼睛紧紧盯着那句话："我有功于人不可念，而过则不可不念；人有恩于我不可忘，而怨则不可不忘。"

对呀，这句话送给此时的我不正合适吗？弟弟还小，不懂事，我为什么要和他赌气呢？我看了看弟弟，在散射过去的灯光映照下，他的脸上露出浓浓的笑意。这个没心没肺的小家伙，这会儿不知道做什么美梦呢！

"弟弟还小，你让让他。"

"弟弟还小，你别跟他争……"

爸妈说过的话浮现在我的耳际，我心中涌起一丝惭愧。弟弟还小，我不该把这件事放在心上。我笑了笑，轻轻地走到弟弟旁边，小声说："晚安，弟弟。"

平时，我写完作文，都会读给弟弟听，而这篇作文我没有给他读，因为弟弟还小。

024

我的"包包控"妈妈

林 凡

"手机控""自拍控""美食控"……大千世界，"控控家族"的成员数量越来越庞大，而我的妈妈便是这"控控世界"里的"包包控"。

不知从什么时候起，我的"包包控"妈妈就已经被包包诱惑得神魂颠倒了。她七天一小包，十天一大包……天长日久，家里的大柜子小柜子无所不"包"，连衣柜也成了"包柜"。

还记得有一次，妈妈翻箱倒柜地把大包小包拿出来，然后把它们全都塞进了一个大袋子里。我好奇地问："妈妈，你这是要干什么？拎着你的大包小包到大街上摆地摊啊？"

"嗯……这些包放着也是放着，我正要把它们捐出去呢！再说了，旧的不去，新的不来嘛！"妈妈略显尴尬地答道。

"哦——我知道了，你这叫一箭双雕呀！不仅可以做慈善，还为新包'入住'腾出了空间！"我一下子就看破了妈妈的心思。

"你看你，明明懂我，何必还问呢？"妈妈嬉笑道。她又向我努了努嘴："不过……不过别跟你爸说哟！"

望着妈妈忙碌的身影，我只能在心里感叹："唉，真是江山易改，本性难移啊！"

没过几天，妈妈又优雅地拿着一个崭新的大红挎包回家了。我怒吼道："妈妈，这段时间你已经买了五个包了！怎么还买？"

"宝贝，你不知道，现在的包好容易过时哟！包要跟衣服搭配，不多不多。"妈妈露出自豪的神色，一边说着，一边从大包里又取出一个钱包，得意地对我说："你看看，我还买了个新钱包！好看不？"天哪，妈妈居然还"大包大揽"！我对她彻底无语了。

这就是我妈妈的日常生活：包攒多了，就把陈旧点儿的送去做慈善，然后再买新的。再买再送，再送再买……如此循环往复。我只能在心里对这个"包包控"妈妈说：小心你的计划"败露"！到时候，看我老爸怎么"收拾"你！

银 川 行

刘澄睿

　　我总听爸爸提起他小时候上学的地方——银川，于是，银川也成了我向往的地方。这个假期，我们终于可以去银川了！

　　我最喜欢的就是银川的沙子、骆驼和公园了。

　　沙坡头是银川必去的景点之一。浩瀚无垠的腾格里沙漠，沙海茫茫，金涛起伏，而黄河水仿佛一条流彩的缎带，为沙漠平添了一份灵动。

　　景区的东边有一块平整的沙滩，那里卧着许多庞然大物，它们就是有"沙漠之舟"美誉的骆驼。骆驼虽然体形庞大，性情却十分温顺。它们的前腿跪在沙子中，等着人爬到它们的背上。爸爸勇敢地骑了上去，我也迅速爬到一匹白色的骆驼上。妈妈胆小，骆驼站起来的时候，她吓得失声大叫。我觉得，用双手把住骆驼硕大的驼峰，在悠远的驼铃声中前行，真是一种美的享受！但妈妈一路都很恐惧，不时地叫，好像快要哭了，她没能享受到骑骆驼的美好。

　　我们骑着骆驼到了沙坡顶上，我脱了鞋，爸爸拉着我的脚往下跑。沙子那么细，那么软，那么滑，我躺着往下滑，一路开心地大笑。这里的滑沙与滑索太高了，我没有勇气体验。玩累了，我们坐在沙坡上观看羊皮筏子在滚滚黄河水上奔驰，看着沙漠高处的人使劲儿往下冲，我还看见了黄河边上的芦苇在微风中摇摆。

第二天，我们去了沙湖。

沙湖和沙坡头并不一样，沙坡头是黄河流经沙漠中形成的一片绿洲，而沙湖则是湖的中间有一个沙岛，沙岛里面就和沙坡头差不多了。这里的滑道比沙坡头略短一些，小孩子也可以玩。沙坡上一排排的滑道列队迎接着来自五湖四海的客人。坐在滑车上，系好安全带，工作人员一推，我就像箭一样冲了下去。风在耳边呼呼地响着，虽然很刺激，但并不令人害怕。滑的时候一定要老老实实地待着，否则，你就会像我一样摔个狗啃沙。我反反复复玩了好多次滑沙，还是觉得不过瘾。但是，天晚了，我们还是得走了。

后来，我们又去了贺兰山、镇北堡影视城、西夏公园，每个地方都很有特色，特别是西夏公园，里头的游玩设施都是木头做的，涂着艳丽的颜色，又好看，又古朴。

我期待下一个假期，再到银川来。

一张旧照片

冯晶泽

没事的时候，我总喜欢乱翻，这天，我翻到了一张旧照片，这是爷爷的一张照片，照片上的爷爷把我带到了回忆之中……

我的爷爷，常常穿着一身老式的中山装，高高的个子，中等身材，岁月在他的脸上留下了一丝丝痕迹，那满脸的皱纹像一棵老树的皮那样粗糙，但那双眼睛却炯炯有神，仿佛任何事物都逃不过他的法眼。

爷爷住在老家，患有哮喘病，总是咳个不停，但每次我回到老家的时候，爷爷总是和蔼地笑着说："孙子回来了，等着，爷爷给你拿好吃的。"幼稚的我乐呵呵地等着，有葡萄干、面包、糖果，每次想到这里，鼻子总是酸酸的，因为爷爷自己舍不得吃，都是专门买给我吃的。

老家离我家也不远，因此，我总爱回老家住，记得在那个星期天，我走得匆忙，将作业本落在老家，到了学校，才发现没有带，我焦急地像热锅上的蚂蚁。这时，我看见了爷爷佝偻的身影，爷爷把作业本递到我手中，说："小小年纪怎么这么不记事呢？"说完就走了，望着爷爷蹒跚远去的身影，想到爷爷要走的山路，我的泪涌上了眼眶……

然而，我跟爷爷在一起的美好时光总是那么短暂，爷爷的病情恶化了，从那以后，我一放假就往爷爷家跑，想抓紧时间多陪陪爷爷。然而，该死的病魔很快从我们手里夺走了爷爷，我没来得及见爷爷最后一面。听奶奶说，爷爷最后想见的人就是我，我十分懊悔，爷爷就那样永远地离开了我们。

爷爷，走了，永远地走了。

爷爷，我想您，多次跪在您的坟前失声痛哭，您在那边过得还好吗？

爷爷，我想您！

听　雨

许茹青

　　我喜欢下雨。喜欢听雨滴在地上的声音，美妙而空灵；喜欢在雨中漫步，享受那难得的一份舒适与惬意；喜欢雨落在皮肤上的感觉，冰凉而有一种心灵的默契。喜欢嗅弥漫在雨中的清新的泥土芳香……雨具有无穷的魅力。今夜下雨，我静静地享受着雨的美妙与神奇。

　　我打开卧室的窗，静静地躺在床上，闭上眼睛，感受着雨带来的湿湿的凉风。风拂在我的脸上，犹如婴儿厚软的手柔柔地摸着；我又仿佛置身于梦的天堂，缥缈而恍惚。我觉得自己在天空轻盈地飞，扇动着薄薄的羽翼。

　　风轻轻地吹，雨渐渐沥沥地下。我听见雨点落在邻家的房檐上，逐渐汇成一滴滴硕大的雨珠，沿着房檐慢慢滚落，"吧嗒！""吧嗒！"风渐渐大了，雨点越来越急，如子弹一样迅疾射下。风声雨声汇在一起，好像一场演奏至高潮的器乐合奏。黑暗中，不时有车灯的亮光穿透雨水闪过。泥土的芳香随风飘进来。在我的室内氤氲着，弥散着。

　　雨渐渐小了。我来到院子里，踩着水，感受着雨的清凉。我张开双臂，拥抱那袭袭凉风，倾听雨滴偶尔滑落。地下的水洼亮晶晶的，像星星不小心掉进去；又像少女的眼睛，蓄着美丽的梦。雨窸窸窣窣地，仿佛一些人在暗处窃窃私语。

我回到房间。在风的抚摸中，在雨滴时急时缓的弹唱中，感受着雨的魅力，渐渐进入梦乡。梦里，自己也变成了雨的家族中的一员……

踮起脚尖的思念

　　学校的樟树四季常绿，让校园仍然充满着青春活力，多媒体教室的大门半敞着，仍有接二连三的大小型会议进行着，似乎没改变多少的中学，却让我感觉改变了很多，是多了些什么？

鲁爷爷和他的铁扫帚

杰思涵

那天放学回家，我远远地就看见村头小超市门前排了一条长长的队伍，妈妈也在其中。超市门口竖着一块牌子，上面写着"扫帚数量有限，每人限购一把"。从超市出来的人，手里都拿着一把扫帚，脸色非常凝重。我好奇地问妈妈怎么回事，妈妈说："鲁爷爷昨天去世了，乡亲们再也用不到他扎的铁扫帚了。"

我愣住了……

鲁爷爷是村里的一位孤寡老人。他身材矮小，驼背，眼睛却格外有神。最了不起的是他那双勤劳的手。

每到深秋季节，闲不住的鲁爷爷就会穿着他那件单薄的秋衣，骑着三轮车，在田野中、山坡上收割扫帚苗子，一天又一天，一车又一车。收割完扫帚苗子，鲁爷爷又是一天又一天，一场又一场地晾晒。等到苗子晒得金黄，鲁爷爷就开始扎扫帚了。大大的场院里堆满了扫帚苗子，本来就不高的鲁爷爷在场子中间显得更渺小了。他扬起一把把扫帚苗子使劲抽打，苗子籽儿在空中飞起来，有的落在屋脊上，啪啪作响。

那时，我们一群孩子会帮鲁爷爷把抽打好的扫帚苗子搬到大樟树底下。鲁爷爷把一棵棵苗子的枝丫剥开后，按长短扎成刀把儿粗的一束束，有序地摆在一起，再用竹篾条儿编扎。斑驳的阳光落在鲁爷爷的脸上、手上，扫帚苗子和竹篾条儿在鲁爷爷粗大变形的手指间像跳舞一般穿来穿去……一会儿，雪亮的砍刀挥起来，扫帚梢被剁得整整齐齐的。太阳落山时，大樟树底下扎好的扫帚会被堆放得整整齐齐。第二天一大早，那些大大小小的超市的老板准会争先恐后地赶过来抢货。

我曾问鲁爷爷扎扫帚多久了，他嘴里说"扎了一辈子咯——"手里的活却没有停下来。我又问这扫帚苗子叫什么，鲁爷爷这才停下手里的活，望着我说："很少人知道它的正名儿，都叫它'扫帚苗'，其实这苗子有个学名叫'地肤子'。它不值钱，也不起眼，籽儿落到哪里就在哪里发芽、长大。用它扎成的扫帚特别耐用，所以它又叫铁扫帚。乡亲们都离不开它！"

……

如今，鲁爷爷的铁扫帚还在，人却离我们而去了！

"人们为什么都喜欢鲁爷爷扎的扫帚？"我问妈妈。

"鲁爷爷的扫帚便宜，选的扫帚苗子全是熟透的、干透了的，不会发黑……"妈妈回答我。

"他手劲儿足，扎出来的扫帚结实耐用！"有人插嘴说。

"是啊，鲁爷爷的扫帚，没有一把不是用心扎的！"旁边的人纷纷赞许。

天已黑了，我回过头，买扫帚的队伍依然那么长。

车内音响，让人欢喜让人忧

杨雅淇

我和同学小魏住一个小区，我俩拼车好几年了：早晨由我老爸送，下午放学由魏叔叔接。两个爸爸都喜欢听车内音响，但因为口味不同，每天，我和小魏的感受也跟着变化。

我老爸喜欢听交通广播节目，一上车，他就会打开交通频道。音响里常常传来女主持人的友情提示："中山路西二环路口发生一起追尾事故，过往车辆请绕行；槐安路至中华大街方向发生严重拥堵，提醒经过此处的司机朋友绕行……"听完路况后，老爸就会放音乐。我最喜欢他放音乐了，因为那些歌曲都是我给他下载的，当然都是我喜欢的歌啦。听，这是"凤凰传奇"的《光芒》："纯净天空上，雄鹰在飞翔，守望着那片，圣洁的天堂。雅鲁藏布江，静静地流淌，流进了梦乡，一路去远方……"我和小魏坐在后面，随着音乐的节拍或摇头晃脑，或齐声歌唱，有这些美妙的音乐相伴，上学的路变得不再单调。

下午放学，魏叔叔的车早在校门外等着我们了。一开门，车内那浓烈的香水味便会热情地将我们"扑倒"。魏叔叔总是半躺在座椅上，悠然地收听他最钟爱的情感类节目。一路上，男女主持人不住地插科打诨，配合他们的，是那种提前录好的笑声。听，女主持人在调

侃男主持人："哎，我突然想起一个问题：你上大学时有没有偷偷地喜欢过某位年轻貌美的女老师呢？"这些内容让我和小魏觉得无聊，我们只好在后面聊天。小魏也会提醒她爸："小点儿声行吗？"魏叔叔却笑着说："你们聊你们的，我听我的，互不影响啊！"天呀！广播里讲的是师生恋耶，我们可不是小傻子啊，怎么会不受影响……

这车内的音响呀，真是让人欢喜让人忧！

"为什么"同桌

范宇佳

"为什么牙齿有不同的形状？""为什么早晨记忆力特别好？""人为什么会做梦？"……无数个为什么回响在我的耳边。我这个同桌马宇豪可真够烦人的，一天到晚问个不停。

有一次，我们看海豚表演节目，驯养师在黑板上写"5+2=？"，海豚马上用身体拍打了七下水面。同学们都惊叹不已，马宇豪却立刻好奇地问："海豚为什么这么聪明啊？"

我不耐烦地说："不知道！别打扰我欣赏海豚表演。"

第二天，他在教室里兴奋地大喊大叫："我知道海豚为什么那么聪明了！"那情形仿佛哥伦布发现了新大陆，又好像他中了十万元大奖。

他滔滔不绝地说："海豚的大脑与身体重量的百分比远远超过黑猩猩，是和人类最接近的头脑发达的动物。"

起脚尖的思念

他拉住我的手，兴奋地说："甚至有人说，海豚是人类的祖先！"

我惊讶极了！不禁也被他感染了，心想：还有这样的事？

不久后，我们班举行了一场知识问答的班会活动。老师站在讲台上问："谁知道荷兰的首都在哪儿？"

"阿姆斯特丹！"他脱口而出。

我想起来了，我们刚刚学过《牧场之国》这篇课文，当时他就问我："你知道荷兰的首都是哪儿吗？"想必他课后一定查过资料了。

"年纪大了头发为什么会变白？"

"人体毛发的颜色取决于体内的色素细胞，我们的黑发就是黑色素细胞产生的黑色素造成的，人年纪大了，黑色素的形成过程发生障碍，新长出来的头发缺乏黑色素，所以头发才会变白。"他胸有成竹地回答。

在接下来的问答中，我们都哑口无言，被这些题目难住了。他却一帆风顺，轻松地答了出来。同学们纷纷向他投去赞许的目光。

有人说："太厉害了！他是怎么知道的？"

有人说："哇！简直是一本厚厚的百科全书啊！"

马宇豪的大量知识都是在平常的不懂就问和勤于思考中积累的，我现在是越来越佩服这个"为什么"同桌了！

劳动小组长的烦恼

李　浩

大家都觉得当劳动小组长是一种光荣，有时还能登上值周生的宝座，可自从我当上了值日小组长以后，便有了不计其数的烦恼。

烦恼一：遇到"大懒虫"

"放学了！"同学们兴高采烈地大喊着，而我在这边声嘶力竭地一遍又一遍地喊："值日的同学到这边集合！"嗓子都快吼破了，总算把他们聚到了一块。"清点人数！"我镇定自若地说道，"五个人，少了两个。"仔细一看，果不其然，又少了那两个活蹦乱跳又令人无可奈何的队员，他们不值日已经不是一两次了。真苦恼！我既要打扫过道，又要擦暖气，还要把后面的地扫得一尘不染。干完这些后，我气喘吁吁的。唉，当个劳动小组长实在不容易呀！

烦恼二：遇到"捣蛋鬼"

有一位队员扫完了，叫我过去检查，我快马加鞭地跑过去，看着他满脸的假笑，我就怀疑有诈。我一丝不苟地查看。突然，我发现一个桌子后面的角落里有白色的东西。我们的地板是绿色的，不可能有白色的东西，仔细一看，原来是一张废纸。不仅如此，那个角落还有一些杂物，还好我有火眼金睛。我生气地让他将那块地扫干净，并拖三遍，他顿时叫苦不迭。

烦恼三：遇到"慢羊羊"

时间不知不觉溜走了，大部分队员的工作都做完了，教室里只剩下稀稀拉拉的几个人，我不得不催促那位像蜗牛一样还在打扫的队员。他呀，一边打扫卫生，一边和他的好友津津有味地聊天，两不耽误。我三份工作都干完了，他那一份还没有做完。此时，他又把我的话当耳旁风，全然不顾，依旧一边说笑一边慢吞吞地打扫。我在一旁等得心急如焚。又过了十分钟，他终于完成了。看来当个组长也需要有耐心呀！

为了让大家有整洁的学习环境，我这个劳动小组长的烦恼怎么才能少一点儿呢？大家快来帮我出出点子吧。

最珍贵的礼物

褚紫萱

我上六年级的第一天，奶奶送给我六本厚厚的笔记本。她意味深长地对我说："萱萱，这是我退休前总结出来的六年级语文复习资料，希望它能帮你起步，助你成功！"

接过这份沉甸甸的礼物后，我开始仔细翻阅。第一个本子比A3纸还大，是用各种广告纸装订而成的，笔记本的封面写有这样一段话：这是我教书二十八年的经验结晶！愿它像火柴，点燃你智慧的火种；愿它像风儿，扬起你理想的船帆；用你的笔，书写生动的文章，歌颂伟大的祖国，可爱的家乡！打开一看，里面全是关于小学生作文的写作方法。在广告纸的背面，奶奶还粘贴了不少从报纸杂志上收集到的好范文。

再看看另外五本厚厚的笔记本，有拼音部分、汉字部分、句子部分、阅读部分……每个章节的内容都分门别类做好了标记。我抽出其中一本仔细看了起来：过渡，段落安排好后，还必须考虑段落之间，一层意思与另一层意思之间的过渡段，写好过渡段，能使文章结构严谨、前后连贯，上下衔接自然……看着这一页页写满字的笔记，我的脑海中不由浮现出了爸爸给我讲过的关于奶奶的故事。

奶奶二十多年前从东北调到四川的一所小学工作。因为人生地不熟，加上听不懂四川话，她很是苦恼。但好强的奶奶很快就适应了这里的一切，为了证明自己能行，她每天起早贪黑，把所有的精力都放在了学生身上。一个学期下来，她所教班级的语文成绩名列前茅。奶奶还经常组织活动，比如教同学们绣花、包饺子、外出野炊……正是有了这些亲身体验，奶奶班里的学生个个作文都写得很好，别班的学生羡慕极了。那时，好多学校都组织老师去听奶奶的公开课，每一个听过奶奶讲课的老师都对她刮目相看，奶奶也因此获得了全国优秀班主任、全国优秀教师等称号。在教最后一届毕业班的时候，奶奶把自己的教学经验写成了一本本笔记，而这些宝贵的财富，现在就被我捧在手里……

"萱萱，你发什么愣呢？"妈妈摸摸我的头，"告诉你吧，奶奶的这份礼物可只给了你一个人哦！奶奶学校好多老师都想要她的笔记，她都没给，即使别人愿意出钱买她也没同意，所以，你一定要好好珍惜！"

看着眼前这几本厚厚的笔记，我不禁凑近使劲儿闻了闻。我闻到了一股淡淡的墨水味，还有，一股深深的，爱的味道。

奶奶的知识结晶，真是我收到的最珍贵的礼物。

飞机学问大

丁入凡

常言道"天高任鸟飞"，那，是不是高远的天空也能任由飞机自由自在地飞翔呢？这个暑假，我和夏令营的小朋友一起参观了长沙黄花机场民航交通管理中心，就让我来为你揭开谜底吧！

我们首先来到了民航空管中心的会议室，由工作人员阿娇姐姐为我们讲解飞机的起落升降，以及管理员如何指挥飞机等问题。阿娇姐姐说，别看飞机和汽车一个在天，一个在地，其实，它们很相似。汽车有车道，飞机也有航道；汽车有车牌号，飞机也有因目的地而异的"机牌号"；汽车需要交警来管理，飞机也需要交警，不，是空中交通管制员来管理……

可是，在空中真的会有一个"交警"盯着飞机往来并打手势指挥交通吗？当然不会啦！那该怎么办呢？阿娇姐姐说，塔台管制员自有法宝——"千里眼"和"顺风耳"。"千里眼"是雷达。雷达利用了蝙蝠夜行的原理，将声波射出去，遇到飞机就反射回来，显示在电脑

屏幕上，管制员就知道飞机大概在哪个位置，还可以提醒飞行员不要偏离航道。"顺风耳"是像对讲机一样的电磁波甚高频通信系统，可以让管制员与飞行员对话，让飞行员接收指令。

看我们听得一脸茫然的样子，阿娇姐姐建议我们跟着管制员叔叔实地观摩一下。于是，我们来到了雷达站。一进入雷达站，一台正在运行的电脑赫然映入眼帘，我吃惊得下巴都快掉到地上了——电脑显示屏上密密麻麻的，全是飞机号，连地名都被遮住了。原来，空旷而寂静的天上有这么多飞机呢！站在地上真是一点儿也看不出来啊！

接着，我们去了天线塔。塔可真高啊，有七八层楼那么高。塔顶那根大天线跟普通的天线不一样，不是又尖又长的样子，它看上去像一个放大了许多倍的梯子被横放在了转盘上。这根天线每四秒转一圈，转起来真有排山倒海之势。听说，它既要当"千里眼"，又要当"顺风耳"，真是肩负重任啊！我不禁对它肃然起敬。天线还有一个形影不离的好朋友——天线罩，它是球状的，像一个削去了底的球扣在天线上。天线罩由特殊材料做成，它好像跟雷电有仇似的，根本不让雷电进来；而电波却像持有通行证似的，进进出出都十分轻松。

最后，我们又参观了飞机指挥塔。到了塔台上面，我们连大气都不敢出。那里的每一个人都面色凝重，他们严肃而冷静地说着每一句话，指挥着飞机的飞行。我们不便久留，便去塔外看飞机起降。只见机场里停着好几个大家伙，它们都在安静地排着队。一架飞机准备就绪，就像一个正在苏醒的人一样，伴随着"隆隆"的声音向前滑行。然后，它慢慢抬起头，缓缓地向蔚蓝的天空飞去。真神奇啊！

原来，飞机并不是"行李在手，说走就走"那么简单。小朋友们，跟着我一起参观了民航交通管理中心后，你是不是觉得自己对飞机懂得更多啦？

火车汽笛中的成长故事

张 羽

"嘀……"火车的汽笛响了，我坐在从郑州到宁波的火车上。唉，又是一次"外出求学"。我想。这时，脑海中突然想起四年前的那一段经历……

幼儿园和小学一到三年级，我都是在老家郑州上的。那时的我，每天除了去上学就是和伙伴们疯玩。不必说小小的土丘，也不必说密密的草丛，单是居民楼下的这一圈草坪，就已经成为我们的"战场"了。我们在这里找蜗牛，捉西瓜虫，拔野草。有时运气好了还会见到蝉。这时，我们可来劲了，找瓶子的找瓶子，挖土的挖土，灌水的灌水，忙得不亦乐乎！那时的我，真是无忧无虑，自由自在。

我不知道家里的人为什么要把我送到浙江，而且还是教育抓得很紧的宁波。也许是因为用"炮"炸毁了别人家的木栅栏吧，也许是因为毁了别人家的花盆吧，也许是因为偷了别人家的果子吧……我无从知道。总而言之：我不能再和我的伙伴们玩了，我不能再这样自由自在了。再见了，我的蜗牛！再见了，我的伙伴！

四年前的一天，我随爸爸从家出发去火车站。路上，昔日欢快的鸟鸣声没了，随风舞蹈的柳树此刻也停下了摆动。道旁的树低垂着头，似乎为我的离去而悲伤；小草无力地挥着手，似乎为我的离去感到不舍。这里的一切都将离我而去了，我此刻的心情是多么依依不舍啊！上了火车，我无心看一路的风景了，我躺在爸爸的腿上，在朦胧中睡去。

当我再次醒来的时候，我已经身在宁波了。这里的一切都是那么陌生，我紧紧抓着爸爸的手，生怕一不留神，没有跟上爸爸的脚步。

我来到了华泰小学。这里的老师上课时对我的要求好高啊，使我很不习惯，放学了，布置的作业又这么多。自由自在的老家郑州，我好想你啊！

但是，当我在这里待了一个星期后，我发现，这里的老师是那样和蔼可亲，这里的风景是那样怡人。我不禁喜欢上了这个沿海城市……

"嘀……"又一声汽笛将我的思绪拉回现实。火车已经开动了，我知道，我正在成长的道路上飞奔，前方等待我的，是一个又一个车站，可能并不完美，但每段旅程都有独特的光彩。

我最敬佩的人

文择行

我最敬佩的人是我的爸爸。我的爸爸是医生，个子很高，不胖不瘦。棕色夹克配灰色休闲裤，是他最喜欢的着装。在很多方面，爸爸都是我的好榜样。然而，他最让我敬佩的地方，莫过于他宽容、坚强的品格和博大的胸怀。

踮起脚尖的思念

一次，爸爸刚刚把汽车天窗打开，就把手伸了出去。就在这时，我一不小心按下了天窗的关闭键。说时迟，那时快，车窗在我的直视下夹住了爸爸的手指。爸爸没有大喊，而是赶紧按下了开启键抽出了食指。待食指抽出来时我才发现，爸爸的食指已经被夹得鲜血直流，指甲变成紫黑色了！十指连心——爸爸疼得额头上冒出了许多汗。他忍着疼痛将车开向医院。我不时用眼角瞟爸爸，他紧锁眉头，眼角也微微颤抖，两只手放在方向盘上，受伤的食指翘得老高。不一会儿工夫，爸爸的食指变大了好多倍，远看就像一根胡萝卜。到了医院，拍了片子，医生告诉我们，爸爸的手指骨折了。

知道了这个结果，我低着头沮丧地跟着爸爸在医院里跑前跑后。我等待着一场即将来临的"暴风骤雨"。可是，爸爸什么也没说，只是有时会疼得吸冷气。后来，爸爸带着我开车回了家，看上去一点儿火气也没有。我一点儿也没看出爸爸要"收拾"我的迹象，害得我白白担心了很久！我亲爱的爸爸，您为什么不痛痛快快地说我一通呢？说了我心里能好受一些啊！唉，就这样，内疚折磨了我很长一段时间。

后来，妈妈问爸爸当时为什么没有训我。爸爸淡定地说："儿子又不是故意的，何必吓唬他呢？再说，他闯了祸，一定也不好受哇！他目睹我很痛苦就已经是一种惩罚了，我就不用再多说了嘛！"

听完妈妈的转述后，我不由得对爸爸肃然起敬。他的一举一动都将长久地影响我的人生。

踮起脚尖的思念

方丹丹

我是一个念旧的人，我喜欢回忆过去，思念他们。

偌大的房子，每个角落都摆放了各类家具，一张全家福与一幅十字绣张贴在墙壁上，试图让家充满温暖。可是此时整个屋子都化为了冷色调，茶几上似乎都已结出了一层灰尘，他们都不在家，这一室冷清，只能由我一人面对。

045

我喜欢静默地仰望蔚蓝的天际，轻踮起脚尖，思念着在异乡工作生活的爸爸妈妈，还有我亲爱的弟弟。我想要告诉他们，我想他们了，我现在过得很好，只是有些心灵上的空落，亲人不在身边让我觉得自己像被人丢弃的流浪猫，无人问津，仅仅只是自己坚强地生活着而已。我还记得那年妈妈教我绣十字绣，手把手的一针一线的母爱充斥在整张"家和万事兴"的十字绣中；我还记得，那年爸爸打我屁股教育我晚上不要九点后才回家，一阵一阵的疼让我哇哇大哭起来，一呵一斥的父爱藏匿在严厉的话语之中；我还记得那年全家去游乐园为弟弟庆生，其乐融融的，两老两小的身影深深地印在我记忆的长河中。

我无声地站在楼台前，轻踮起脚尖，一屋一人，一室冷清，满腔思念。

当我走在直达中学的水泥大路上时，我一路雀跃。我迫切地想知道班主任的身体可还好？学弟学妹们学业可胜过我们？我们原来在教室桌凳上遗留下的痕迹可被更替？

学校的樟树四季常绿，让校园仍然充满着青春活力，多媒体教室的大门半敞着，仍有接二连三的大小型会议进行着，似乎没改变多少的中学，却让我感觉改变了很多，是多了些什么？还是少了些什么？

我站大樟树下，踮起脚尖眺望二楼的那间教室，学弟学妹们在我们曾携手走过三年生活的教室里专心致志地学习着，多像那年我们的样子。一知半解地看着黑板上侃侃而谈的老师，有时候就如在看电影一样，所以后来，我们都被知识的命运给拆散了。

我想念她们的欢声笑语，肆无忌惮。我们喜欢一起结伴去上厕所，一路有说有笑；我们喜欢一堆人凑一起，吃各种麻辣食品，拼命练就成了辣妹子；我们喜欢一起聊家常八卦，表现出的少女情怀天真又可爱。我现在多后悔，为什么我们不曾一起讨论学习，不曾想过一起上高中、考大学，不曾想过不能输给知识规定的命运。我想你们也都在后悔了……

我们都已长大了，不能再对父母乱发大小姐脾气了，我们每个人要努力，看到了那么多成功的人，应该也努力给自己一个未来不是吗？

爸爸妈妈，朋友们，我正想念着你们。你们，又在想念着谁呢？

野蛮公主养成记

孙嵁宇

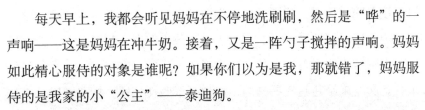

每天早上，我都会听见妈妈在不停地洗刷刷，然后是"哗"的一声响——这是妈妈在冲牛奶。接着，又是一阵勺子搅拌的声响。妈妈如此精心服侍的对象是谁呢？如果你们以为是我，那就错了，妈妈服侍的是我家的小"公主"——泰迪狗。

泰迪狗长得很漂亮，浑身深棕色的卷毛，在阳光下闪闪发光，一双黑棕色的小眼睛犹如两颗黑宝石，镶嵌在可爱的小脑袋上。它的身材很迷你，只有爸爸的大手掌那么长。别看它长得萌，它可是一只有着"公主病"的"公主狗"哟。

每天早上，它都会傲娇地从自己的"城堡"里走出来，懒洋洋地伸个懒腰，然后缓慢地走向绘着卡通图案的饭盆，用舌头轻轻地舔几口水，再不紧不慢地转过头，去吃老妈为它精心调配的牛奶泡饼干。吃了一会儿之后，它会摇摇脑袋，抖抖身体，似乎在整理吃饭时弄乱的头发。吃饱之后，它会优雅地走回"城堡"，一路目不斜视，谁也不放在眼里。

有一次，妈妈不大舒服，没早起给"公主"准备早餐。"公主"起床后，看见饭盆里空空如也，十分生气，不停地围着妈妈的床"汪汪"直叫，就像公主在训斥管家。无奈，妈妈只好爬起来，把食物弄好，放进它的食盆里，它这才停止了叫唤。

"公主"很傲慢，但胆子却非常小。一天，我和妈妈带着它去海边玩。我们正在欣赏美景，一只拉布拉多犬迎面走了过来。那只拉布拉多全身都是黑色的，站起来和我差不多高了。它看到了正在欢快玩耍的"公主"，猛地扑了上去！"公主"被这突如其来的状况吓得一哆嗦，像离弦的箭一样逃出老远。我立马捡起一颗小石头，扔向拉布拉多，它吓得往后一退，嘴里发出了低吼声。我见它还不走，便抄起一根粗树枝与它对峙。"公主"停下了逃跑的脚步，它看了看拉布拉多，又看了看我，终于冲了上来，站在我的身边，朝拉布拉多"汪汪"狂叫。拉布拉多也摆开架势，围着我们转圈。"公主"有点儿畏惧，慢慢地往后退，我则把树枝扔向拉布拉多。拉布拉多"嗷"地叫了一声，灰溜溜地逃走了。"公主"见敌人败退，赶紧追了上去，见追不上了，它便对着拉布拉多的背影叫个没完。在回家的路上，"公主"走起路来雄赳赳气昂昂的，好像打了胜仗一样。打那以后，"公主"越来越争强好斗了，连窜进小区的野狗也敢撵。

妈妈几次想给公主改名字，我都没有同意，因为，它是我们家独一无二的"野蛮公主"呀。

我和书的缘分

杜贞晴

人和书是有缘分的，你一旦遇见了一本好书，就如在茫茫人海

遇见了一个知己。它让你感到趣味无穷，让你朝思暮想，让你魂不守舍，把你的所有注意力都吸引过去了。

比如有一次我和妈妈去书店买了一本《鲁滨孙漂流记》，回到家，我连忙打开书，躲在自己小小的房间里读得津津有味。我深深地被鲁滨孙的悲惨遭遇吸引，恨不得马上看完，竟不知不觉已经到了午饭时间。妈妈喊我一遍，我听不见；再喊，还听不见。后来妈妈生气了，硬是闯进来把我从鲁滨孙的小岛上拉了出来，狠狠批了一顿。但即使在吃着饭，我还是恋恋不舍地想着鲁滨孙，没办法，胡乱吃几口后我又开始去"啃"书了。

因为喜欢书，我最常去的便是书店了，这应该是爱书人最好的去处了。记得台湾作家林海音也爱书，小时候常常冒充是书店里买书的大人的小孩儿在那里看书、选书，如果没有大人，下雨了，她更高兴，她会时不时望着天空，假装说一句"唉，下雨了，回不去了"，而心里却想雨再下大点儿，这样就可以看书看久点儿了。现在想来，孩子那种聪明、细腻的心思实在让人疼惜、怜悯。我也是这样，尤其是在假期，在书店里一待就是一天，不渴也不饿。

高尔基说过："书是人类进步的阶梯。"我喜欢这样的阶梯，并且不拘一格，只要让我增长知识，我都照单全收。读那些厚重的史书我也不枯燥，因为它让使我纵观古今，以史为鉴；那些饱含心血的文学著作更是我的所爱，它让我和书中的人物一起哭一起笑；读那些充满科学发现的书，我也觉得有趣，让我得以"站在巨人的肩膀上，看得更远"。书是世界上最好的营养品，它能滋润我们的大脑，并且可以治愈一些思想顽疾。

时光飞快流逝，而那个爱书的我却没有改变。在我的世界里，我和书有着深深的缘分，每个夜晚和清晨，我都和书有一个美丽的约定。它陪伴着我，提醒着我，丰富着我，和我一起迎接一个又一个美好的明天！

父亲的手

袁小田

这是一双粗糙的手，但就是这双手，给了我幸福的生活，这就是父亲的手。

在我记忆中，我很少注意父亲的手，真正细细地看父亲的手，还是在一次吃饭的时候，那天在饭桌上，父亲拿着筷子吃饭，我看见父亲的指甲里满是黑色的污秽，指纹间一条疤清晰可见，食指有一条深深的口子，还有殷红的血痕，大拇指和中指上面都缠着白色的胶布。顿时，我没有了胃口，恼怒地说："爸，饭前要洗手，健康要第一。你怎么没有洗手，你瞧瞧你的手，怎么那多的脏东西呀？赶快去洗手吧！"

父亲默默地走向洗手间，可当他再一次坐在饭桌上，他的手依旧如此。吃完饭后，我回到房间里写作业，这时，妈妈走了进来说："快写完了吗？"我心里忐忑不安地想着：一向妈妈从来不催我的，今天这是怎么了，算了吧，不想了，我对妈妈说："快完了。"妈妈说："快写，写完我跟你说一件事。"我迫不及待地说："妈妈什么事呀？"妈妈说："今天你……算了吧！还是等你作业写完了，再说。"我心里恍惚着：今天妈妈到底怎么了？该不会是给我个惊喜吧？今天不是我的生日呀？难道妈妈让我复习功课呢？

妈妈看到我的表情，显得有点儿不好意思了，妈妈说："好，好，好我告诉你。"妈妈温和地说："刚才你对爸爸说的那些话有点儿太过分了。"我心想：原来妈妈要说这个呀！吓坏我了。我振振有词地对妈妈说："电视上都说保持卫生，可爸爸为什么不讲卫生。"妈妈说："你知道吗？你爸爸每天干多少活，手上的纹理被粘在一起洗都洗不干净了。每次，你爸爸回家，第一时间就去洗手间洗手，可是，洗了好几遍，都洗不掉。"

　　听了妈妈的话，我的鼻子有点儿酸，冲出房间，看见洗手间有一个熟悉的身影，一看，原来是爸爸，爸爸正在用洗手液洗手上的污秽。我拽过爸爸的手，爸爸又缩了回去，说："脏，健康第一。"我又过去拽了回去，仔细看看，那是一双怎样的手啊！手背上有好几个口子，有的还渗着血，有的已经结痂了。我把这双粗糙的手，紧紧地握在手心里，眼泪滴在我的手上，我轻轻地抚摸着每一道伤口，我知道每一道伤口都代表父亲对我的爱，我对不起他，我不应该说那么重的话来伤害一个爱我的人。

051

　　就在那一刻，我默默地告诉自己，我一定要努力学习，将来为父亲营造一个好的生活环境，让他的手重新变白。

我 相 信

陈依萌

　　"扑通——"男孩儿又摔倒了。母亲赶紧跑上前去，用尽全身

踮起脚尖的思念

力气抱起男孩儿，目光在孩子身上迅速地挪移着，手摸摸这边，又揉揉那边，额上顿时渗出豆大的汗珠，眼里噙满了焦急和爱怜的泪水……

街心公园的一角，每天早晨都会出现这对母子的身影。两块相距十来米的方格是男孩儿不断变换的起点和终点，里面各摆放着一张小木凳。母亲总是将男孩儿扶稳站在一端的方格内，然后自己跑向另一端的方格，全神贯注地等待孩子步履蹒跚地走过这十来米的路程，最后张开双臂接住孩子。每次母子手搭手的瞬间，两人的脸上都会洋溢出幸福的笑容。孩子累了，母亲就及时让他在小木凳上休息片刻，自己则站在一旁为孩子作些简单的按摩。八年如一日，母亲从来不会忘记这项功课。

"小宝勇敢，坚持，还有最后一趟了！"

"好样的，小宝，今天的速度快了，步伐稳了，脸上的表情也自信多了！"

"小宝，你今天的表现得真好，妈妈太高兴了！竟然主动要求多走了两个来回！妈妈相信，你会变得越来越好的！"

类似的话语，是这位母亲百说不厌的"课堂"语言。她是在激励孩子完成"作业"，更是在用自己的乐观与坚持培养着孩子的自信呢！

"妈，我不想走了，我太累了！"

"妈，你为什么总是逼着我呢？难道你就不希望我的日子能过得舒服一些吗？"

"妈，我没有希望了，你的付出恐怕不会感动老天爷的！"

男孩儿有时也会发怒，这些语言常常会像针一样扎进母亲的心。母亲的泪往心里流，然而却从来没有怒气，没有埋怨，只有坚持。

男孩儿跌倒的时刻总是母亲惊心动魄的时刻。现在，他的个头已经超过了母亲，只要摔倒，必然很重。每当此时，焦急的眼泪总会在母亲的眼眶里打转。当检查得知孩子没有擦破皮肉，母亲才会感到释然；如果伤着了哪里，母亲真会比自己受疼还心痛。

"亲爱的妈妈：感谢您的养育之恩，感谢您十多年来的悉心照料！作为我的母亲，您比世界上其他母亲对儿子的付出要多千倍万倍。请您原谅儿子一次次对您发脾气，那个单纯、幼稚的儿子已经在史铁生的感召下变得成熟。我会用百倍的勇气，面对命运的挑战的！我相信，有您伟大母爱的支撑，我们一定能够战胜病魔！纵然有一天，我会先您而去，我们也不该悲伤，因为，我们早已是胜利者！……"

老师含泪读着张小宝的作文，全班同学都为之动容了。

我不相信肌营养不良病是不治之症，我相信科技的力量会创造奇迹，我更相信母爱的力量会感动天地。

乡村风景画

陈秀熙

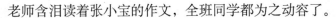

乡村，虽然没有城市的繁华，但它独特迷人的风景足以令人神往，毕生难忘。

站在乡村的梯田里，放眼望去，满目皆绿，仿佛置身于一片辽阔的绿色海洋。田里那一棵棵嫩绿的禾苗挺立着腰杆，犹如一位位光荣的士兵在站岗放哨。微风不时拂过，禾苗随风舞动，化身为一位位婀娜多姿的舞蹈家，时而轻摆纤秀的腰肢，时而高仰优雅的颈项，时而回眸嫣然一笑，那优美的舞姿让人如痴如醉。

沿田埂而行，总能看到清澈见底的溪水中有群可爱的小鸭。它们有的在专心致志地觅食，有的三五成群玩着捉迷藏，还有的"嘎嘎嘎"地欢叫着在溪中畅泳，掀起阵阵涟漪。小溪旁的牛群却丝毫没被淘气的小鸭打扰，它们有的在津津有味地品尝着鲜嫩的小草，有的在静静地凝视远方，似乎在思考着什么，还有的在漫不经心地甩着尾巴驱赶苍蝇，优哉游哉地享受着属于它们的宁静。

从乡村人家的房前屋后走过，时常会瞧见一只毛色鲜亮的母鸡坐在草垛上，心无旁骛地孵着几只圆圆的、光滑的鸡蛋。母鸡身旁总会有一只头带红冠的雄鸡，高昂着头颅，围在母鸡身旁神气十足地踏着大步，忠诚地守卫着它的妻儿，那威武的模样真令人敬佩。

每当晚饭时分，一家人就会围坐在一起，一边畅饮，一边谈天说地，不时开怀大笑，欢愉的笑声久久地回荡在空中，就连空气也有了甜甜的味道。夜幕降临后，一轮明月高高地挂在天空，照亮每一片欢乐的土地。青蛙"呱呱呱"地唱着动听的催眠曲，伴着幸福的人们进入甜蜜的梦乡。

迷人的田野、可爱的动物、悠闲的乡村生活，构成了一幅独特迷人的乡村风景画。

我那多变的爷爷

陈静娴

我的爷爷是一个多变的人，一会儿是一个老顽童，一会儿变成一个严肃的人，一会儿又变成一个爱笑的人。

镜头一：老顽童

"点点，这饭好吃吗？""嗯，厨艺大有长进啊！"我张巴着嘴说。

"你是好吃吧！好吃鬼遇上好吃的饭菜当然会变得很馋啊！"爷爷大笑道。

我无语地看着爷爷，心里却很佩服他，真是童心未老啊！不仅说我好吃，还顺便夸了自己的厨艺，真是一个名副其实的老顽童啊！

镜头二：很严肃

我的爷爷突然"多云转阴"，一下子变得严肃起来。"哎，吃饭时要捧着碗！""不要把米粒弄掉在桌子上！""你不可以吃别人面前的菜！""吃饭要细嚼慢咽！"

好好的一顿饭，感觉像是监狱里的牢饭似的。枯燥乏味，明明应当不拘小节，大口吃肉，大碗喝酒，不当淑女是我的原则。

我经受不住"文雅""莲步"这些词。既然是个人，吃饭说话就不要扭捏，要大方。

但我爷爷的命令如天命，不得反抗，否则他怒目圆睁，我便"呜呼哀哉"。

我爷爷总是嫌我马虎，一次教训几乎要了我的小命。

镜头三：很爱笑

爷爷每次去赴宴席时，都会和别人说说笑笑，能说笑一个晚上。

爷爷也经常逗妹妹笑，经常开一些小玩笑，妹妹很容易当真。

但除此之外，爷爷就没有笑过。

我的爷爷很是多变，但不变的是他的善良、纯朴、宽厚、仁慈、无私、大方……

056

抹不去的伤痛

陈昆元

夜深了，人们都躺在床上做着甜美的梦。而我却辗转反侧，怎么也睡不着——那次数学考试时发生的事又像电影似的浮现在我的脑海里。每次想起它，伤心、疑问、委屈就会一股脑儿地涌上我的心头。

那天早晨，我高高兴兴地去上学。刚跨进教室门，就听见同学们的议论声，原来要考试了。幸好我昨晚复习了，我暗自庆幸。

老师踏着上课铃声走进教室，然后把试卷发了下来。我拿到试卷后，迫不及待地把整张试卷浏览了一遍，嗯，不算太难。我拿起笔，认认真真地填满了每个空格。没过多久，我就做完了试卷，还认真检查了几遍，确认准确无误后才开始放松休息。我一手撑着头，一手拿着铅笔挑着橡皮擦，打了个哈欠，着实无聊！

忽然，前面的同学转过头来，叫我帮他把铅笔递给后面的同学。我瞧瞧四周，没人注意我，于是就帮了这个忙。可当我转过头来时，我的目光和老师的目光碰了个正着。我吓了一跳，赶快把手收回来，并避开老师那充满威严的目光，一种不祥的预感涌上心头。

"请陈昆元同学放学后到我办公室。"我的担忧还是变成了现实。老师的话音刚落，我不禁打了个寒战。

放学后，我拖着沉重的脚步跨进办公室，老师见我来了，就喋喋不休地训起话来："你这样的做法很狡猾……"我很想替自己解释，但老师分明没有给我留下说话的余地。老师，您为何不把事情查个水落石出呢？想着想着，泪水滑过我的脸颊……

漫长的等待

陈瑞怡

睡在空调房里真舒服啊！天已经大亮了，我还赖在床上不肯起来。咦，外面怎么静悄悄的？妈妈呢？我使劲儿回想了一下，哎呀，昨晚妈妈出了个小事故，和医生预约了今天早上七点十分去医院。她不会现在就去医院了吧？

正在这时，爸爸的声音响起来了："小润，起床啦！我陪妈妈去医院，你在家等我们哦！"什么？叫我一个人待在家里？我可不干！"我要陪妈妈一起去！"我不情愿地嚷嚷着。

"你去了不仅帮不上忙，反而给我们添乱！"

随着"砰"的一声，门关紧了，就留我一个胆小鬼孤零零地待在家里。我再也睡不着了，只好起床刷牙。我小心翼翼地走进卫生间，放了一杯水，刷牙时，我用背紧紧地靠着门，生怕后面有什么怪物突然靠近我。

该吃早饭了，我每吃一口都警惕地四下张望，会不会有幽灵飘过来呢？现在是白天，他们肯定不敢来……要是我是刺猬就好了，遇到危险就缩成一个刺球，看你们还敢来攻击我！还好，外面的知了在不停地安慰我，"吱吱吱——没有鬼——吱吱吱——快快吃——吱吱吱——吃完就去看电视……"

我三下两下就扒完了碗里的白粥，将碗筷收拾好送进厨房，就跑到客厅里看电视了。少儿频道正在放广告，再看看科教频道，正在放野生动物故事呢。妈妈规定我只能看半小时电视，我放下遥控器，以百米冲刺的速度跑去房间里拿了个闹钟，好像后面有小妖怪在追我似的。"嘀嗒，嘀嗒……"时间一分一秒地过去了，我一看闹钟，哦，不知不觉已经半小时了，我还没看够呢！也只有看电视的时候，才是我能够战胜恐惧的时候。但是，半个小时已经到了……我犹豫了几秒钟，一狠心，按下了关闭按钮。

我坐在沙发上不知所措，傻傻地想，妈妈这时已经看完病了吧？都这么长时间了，她怎么还没回来？要是她真的骨折，那就要住院了，万一要动手术的话可就惨了……不敢想了，不敢想了……

我摇了摇脑袋，想把脑子里这些乱七八糟的想法都赶跑，可是它们就像胶皮糖一样，死死地黏着我不放。怎么办？对了，弹古筝！我从沙发上一跃而起，快步走到琴凳前，戴好指甲套，轻轻拨动，一连串美妙的音符从琴弦上流泻下来……

不知不觉，又一个小时过去了，我完全沉浸在优美的音乐中，忘记了周围的一切。当《茉莉芬芳》的最后一个音符飘出来时，我听到门口传来"吧嗒——吧嗒——"的声音，哦，是爸爸妈妈回来了！我一阵惊喜，兴奋地跳到门口。啊？怎么只有爸爸一个人？"妈妈呢？"我的心提了起来，一把抓住爸爸，"妈妈没有骨折吧？"爸爸笑了："没事，你妈妈在楼下，我先把东西送上来，马上下去背她上来。"

哦，经过漫长的等待，终于等来了妈妈平安回家的喜讯！真好！

我生活在幸福之中

魏高敏

生活，像一首歌，时而高亢激越，时而低沉平缓。生活，像一个五味瓶，装满了酸、甜、苦、辣。生活，亦是幸福的。

幸福生活之爸爸妈妈的爱

家，是温馨的港湾，即使有些话语被我们重复了数次——来赞美这个美丽又可爱的家，但似乎远远不够。父爱如山，母爱似海。父母之爱，山高水深。朴实的语言，细微的动作，无一不凝聚着父母对我深深的爱。

成长的路上，有了父母难以言表的爱，即使心酸，即使难过，但也是同样的快乐、幸福！

幸福生活之老师的爱

老师，毫不夸张地说是我们的第二任父母。老师的爱，如绵绵春雨，润物无声，滋润着我们的心田。即使有时我们讨厌老师的种种唠叨，但那又何尝不是为我们好。即使有时我们忽略了对老师的爱，但老师还是依旧默默地爱着我们。老师，成长路上，感谢有你，因为有你，生活很幸福！

幸福生活之朋友的爱

朋友，对我来说是最近的人，自己所受的委屈，自己的苦恼，无一不像苦水一样倒进了朋友的脑子里，而朋友们默默承受着，将"苦水"变为"甜水"后，再倒回我的脑子里。因为有了朋友，我不惧怕困难，勇往直前；因为有了朋友，我不再骄傲自满，而是脚踏实地；因为有了朋友，我觉得学习不再那么无趣，生活不再那么无味；也正是因为有了朋友，我生活得很幸福！

幸福生活之和谐社会

生活给予我们生存的阳光，和谐的社会给予我一个幸福安宁的家。让我们过上了安逸舒适的生活，让我们能够无忧无虑地安心学习，快乐成长。因为有了和谐的社会，才有了我们能够幸福的基础，才有了我的幸福生活！

我，是一个生活在幸福之中的人，但不能因为拥有幸福而不去创造幸福。幸福，只有自己创造，才是可持续资源，因此，生在幸福中的我，应该去努力学习，继续创造属于自己的幸福！

面条的"火气"

毛嘉伟

早上，太阳笑眯眯的，但我的家里却阴沉沉的，因为我得自己做早餐——面条。

"唉，平时我都吃粗面，今天爸妈怎么留给我一袋细面？"我自言自语道。大概是因为面条变了，下面的时候，我怎么也掌握不好火候，那火气，真是"噌噌"地往上涨。

初怒——下面火气指数：2星

虽然是细面，但做法应该还是和粗面一样的。水开了之后，我把面往锅里一丢，从锅里传出了一阵"吱——吱——"的刺耳声响，似乎锅在排斥这个初来乍到的异类。面条也怒了，它们一边翻滚一边大叫："我们要回冰箱！我们不要在这个烫人的地方玩儿！"水滴被面条的怒气给蒸发了，纷纷冲出来攻打我。"唔，好烫！"我的脸被迫做了个"蒸汽面膜"，我只得急匆匆地把锅盖盖上。

大怒——捞面火气指数：5星

水在锅中沸腾着，跳跃着，该掀锅盖了。我早已在碗里放好了调料，只等用竹漏勺捞面了。掀开锅盖后，一阵雾气袭来，我的眼前一片朦胧。在雾气的掩护下，面条顽皮地和我捉起了迷藏。漏勺伸向东，它们就向西跑；漏勺追向西，它们又拐向南……简直比泥鳅还灵活，这可苦坏了勺子大哥，也累坏了我。我一次又一次地努力着，面条在锅里待的时间一长，更加放肆起来——它们拼命地扩充体积，瘦面条变成了胖面条。眼看面条就要变面糊了，我赶紧用筷子在锅里搅拌起来。大概是用力过猛，锅身猛地一歪，一大筷子面条和着面汤成功"越狱"，"自由落体"到了地上。

暴走——糊面火气指数：满天星

锅里剩下的面条虽然没几根了，但它们也不是省油的灯。它们把大量的水分都"吞"进了肚子，变得黏糊糊的，最后，干脆集体"瘫痪"在了锅里，变成了一锅面不像面、糊不像糊的怪物。

望着自己的"杰作"，我真是哭笑不得。最终，我只得对面条投降，咽下几片干面包就匆匆上学去了……

我心中的一亩田

王跃东

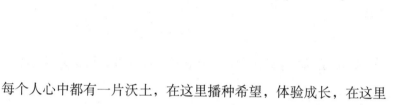

每个人心中都有一片沃土，在这里播种希望，体验成长，在这里放飞梦想，感受快乐。在我的心里也有自己的一亩田。

小的时候，我就很向往高处，经常爬上窗台、凹凸的土墙，踮起脚尖，伸长脖子向远处张望……不知何时，竟发现我家那倚在土房上的楼梯最高。所以，大约六岁的我，就时不时地爬上那楼梯顶部，坐在布满灰尘的木板上，双脚轻放在楼梯最上一阶。双眼呆呆地望着深邃的天空，偶尔有小鸟翩然飞过，真想扑上去，随着它飞向远方。杂乱的电线上，蜘蛛布了网，静静地等待猎物的光临。不知不觉夜幕悄然降临，星星稀稀疏疏地散落在天幕上。闷热的夏天楼梯上格外凉爽，还想享受一会儿，母亲却叫我吃饭了，我也只好依依不舍地离开。

楼梯的顶部，心中的高地，一片沃土，为我播下了梦想的种子。

上了学，不能常常爬上那高高的楼梯了，却又发现一个更高的地方——我们学校的二楼，但那里是我们低年级的学生不能上去的，只有六年级的学生可以来去自如，因此，我企盼可以快快长大。有时仰望二楼的学生——他们高高在上，天地万物尽收眼底，每每这时我心中别有一番滋味——眼馋！嫉妒！

踮起脚尖的思念

学校的二楼，心中的高处，一片沃土，为我带来了童年快乐的体验。

时光匆匆，快乐的小学生活将要结束了，我想进入我心中期待的沁源二中，那里美观气派的学校令我痴迷，驻足四楼油然而生"会当凌绝顶，一览众山小"的感慨，那是更高的地方。我不由得遐想：每当课下或闲暇之余，我会常常倚窗远眺——车水马龙的街道，繁华热闹的集市。生活如此精彩，心却还不满足，还想飞向更高更远的地方。

心中的高处，一片沃土，是放飞梦想的圣地。

这就是我心中的一亩田，不在最高的地方，只在更高的地方。

记忆里，那一份温暖

　　父爱虽然没有母爱那般香甜四溢，没有老师的爱那般春风化雨，没有朋友之间那般甜到发腻，但是他无声无息，紧紧化作一张透明的网笼罩着你，让你感到特别温暖。

花　树

李雪静

那是一个和往常没有任何区别的毫无生气的周六下午，我从笨重沉闷的公车上下来，背着卡其色的背包步行回家。阳光好像比以往任何时刻都刺眼，金黄色的阳光触手把灰色的云一朵朵都抓走，于是天空只剩下没有城府的浅蓝。

我刚刚结束一天的补习，疲惫不堪，大脑迟钝得只记得回家的路。小区门口的黄猫慵懒地冲我扬了扬爪子以示欢迎，我却没礼貌地只瞟了它一眼。

小小的便利店、警卫室、花花绿绿的宣传橱窗，还有落花的小径。所有的一切都太熟悉了，熟悉得不需要感知便已了解它们的存在。

我继续前行。

等等！落花的小径？

我猛地抬头。真的是花！小区里的花树仿佛商量过一般，一夜之间全部绽放。少女般纤细的枝条上，全是嫩绿，全是娇羞，又全是妩媚。小小的白色花朵，互相拥抱成紧密的球团，一树树，像天使的眼睛。

我目瞪口呆地久久伫立在树下。

原来已经是春天了啊！可在我的潜意识里，现在依然是苍白的寒冬，没有新绿，没有生机，只有光秃秃的兀立的树，还有臃肿的风。我该和千千万万个学生一样，背着硕大的书包，面无表情地迟钝，脑子里只有比热容和二次函数，又或许还有几句《醉翁亭记》。

可现在是春天了。春天是万物萌生的季节，严肃了一冬的花树终于肯展露笑颜，忙碌得忘却时间的我也终于对着满枝的白色绽开了好久以来的第一次发自内心的微笑。

有什么比这更美好呢？这来自春天的最温柔的触动。

那一瞬间的我忽然很想把所有的课本一把火烧掉，知识学了那么多，却没有一位科学家能教我们证明春天微笑的弧度。看看那些枝条，那才是最温暖的生活的抛物线啊。

不过，一瞬间后我又重新恢复了理智。路依然要前行，我只诚心希望每当我困倦之时，总能眺望到几棵绽放的花树，圣洁的花朵是最温柔的双手，它们抚摸着我，在我心灵的深处挥笔写下——春天都来了，幸福还会远吗？

我的书法老师

倪丹雨

他戴着一副黑色方框眼镜，身材瘦小。如果回到古代，他一定是个白面书生。他就是我的书法社团老师——沈老师。

沈老师擅长书法创作，作品曾多次入选省市级展览。老师的篆刻也是一流的，他的篆刻栩栩如生，曾出版过篆刻集。他总是非常认真、耐心地教我们练字。

记得那次社团课上，我正在练写一个"舟"字，我总是写不好，不是撇太长，就是横太宽，气得我狠狠地把毛笔扔在一边。当我准备放弃时，突然发现沈老师站在我身后，老师一向和蔼的脸变得严肃起来，他意味深长地说："你要好好观察字帖，仔细临摹，这些字一点儿也不难写，只要认真，就能写好。看，第一次写得不是很好吗？"老师又举起毛笔为我示范，他一边写，一边说："第一笔的撇要小，第二笔撇要长。下面写横，横又短又细，竖要粗要长，然后两点，最后一横要细长一点儿。"老师娴熟地舞动手中的毛笔，一个刚劲有力、无可挑剔的"舟"字跃然纸上。看着老师那么用心地教我，我便下定决心要好好写，我照着字帖一笔一画慢慢练习。经过大半节课的努力，宣纸上终于出现了一个个工工整整的"舟"字。沈老师来到我身边，脸上露出欣慰的笑容。

沈老师也是个非常负责任的好老师，同学们都走了，书法教室里仍有沈老师忙碌的身影。他常常先打来一盆水，用抹布擦干净地上和桌上留下的墨渍，再把桌椅摆放整齐，并清理桌肚里遗留的废纸，最后仔细清洗每一支毛笔。有一次我们寄宿生都去吃晚饭了，才见他匆匆忙忙地下楼回家。

在老师的认真教导下，我们的毛笔字越写越好。他教过的学生中有许多已获得毛笔书法的考级、获奖证书。今年，在沈老师的指导下，我也已经拿到毛笔书法五级证书啦！

学会感恩

王 子

"女儿有个小小心愿，小小心愿……"不知从何方飘来一阵悦耳动听的歌声。

我赶快停住手中的活，推开门站在外面：多么宁静的夜晚，多么柔和的月光。

忽然间，歌声停止了，但我还是看着，好像要把那歌声寻回来。是啊，每个人都有个心愿，在我的心底深处也埋藏着一个小小的心愿……

从我们呱呱落地的那一刻起，睁开眼看到的就是我们的爸爸妈妈，从这一刻起，他们又多了一份牵挂。

他们含辛茹苦地抚养我们长大，他们无时无刻不在牵挂着我们，"路上注意安全，在校好好听老师的话，好好团结同学，放学早些回家……"似乎我们每个人每天都会听到这一串唠叨的话，然而却不知这里面包含了多少的爱。

记得有一次，我考试只考了十几名，回到家在屋里看电视，这时爸爸问我考试成绩，我如实回答，爸爸的火气一下上来了，我饭都没吃好，做完作业就上床了。

躺在床上，我翻来覆去，怎么也睡不着。我想爸爸的心里大概全让分数占据了。分数对于学生来说当然重要，但学生成绩的好坏，应从多方面来看，怎么能从一次考试来评定一切？爸爸啊，女儿又何尝不想考好，当我考试成绩差的时候，多么希望得到您的理解、鼓励而不是那冷若冰霜的面孔。

渐渐地，我长大了，我明白了爸爸望女成凤的心情，即使他过于严厉，我的心里也不会有什么埋怨，爸爸没有什么高文化水平，他只能用他那种古板陈旧的方式来教育我，只要我们知道他们是为我好就行了。

我的小小心愿，希望天下所有的父母健康平安，希望所有的孩子学会感恩，怀着一颗感恩的心去对待曾经帮助过、关心过自己的人。

我从沉思中抬起头。夜依旧那么怡静，但月亮却似乎越来越圆了，月光仿佛越来越柔和了……

070

妈妈，我爱你

崔　蕾

今天，有时晴有时阴，太阳姐姐总喜欢躲在白云哥哥的背后，她对这个世界好像不太熟悉，所以有点儿害羞。

今天，在放学的路上，我一直没怎么说话，就像做错了什么事情似的，其实是今天语文课上，王老师给我们布置了一项特殊的作业：回家深情地对视着自己的爸爸或妈妈，并且说，"我爱你！"我一直在思考着，该怎样完成这项作业呢？直接说吧，怪难为情的。不说吧，又怎么完成作文呢？

　　这时，我的脑海里出现了这样的一幕幕情景：早晨，妈妈准时做好早饭，准时送我上学，下午准时接我放学，风雨无阻；每天做我最喜欢吃的饭菜，而她自己却不怎么吃；睡觉时，她总是替我掖好被子；生病时，妈妈更是无微不至地照顾我。妈妈为我做了那么多，我难道不应该对她说一声"我爱你"吗？

　　于是，我积极寻找表达的机会。妈妈的身影出现在接送的队伍中，我鼓足勇气来到妈妈身边，可是话到嘴边又咽了回去，这里人太多声音嘈杂，还是回家再说吧！因为刚才思索问题，我一直没吭声，妈妈以为我考得不好，不敢说话呢，问到："你今天考试没考好吧？考了多少啊？""考了，考得还不错……""那你怎么不说话？""等下车了再告诉你，给你一个惊喜！"

　　车子开得有点儿快，我们一会儿就到家了。一下车，妈妈就说："好了，现在可以说了吧！"我看着妈妈的眼眸，说："妈咪呀，我……我爱你！"妈妈笑了，她说："傻瓜，今天怎么说这么肉麻的话呀，真不害臊！"妈妈一直在笑，都停不下来了。我心想：怎么会不害臊呢？你知道，为了说这句话，我鼓足了多大的勇气啊！说出了这句话，心理就像放下了一块石头。

　　这么多年来，母爱的温馨如茶，母爱的香甜如蜜，我的千言万语如今已汇成一句话："妈妈，我爱你！"

我的私人订制营养师

李佳熹

看到这个标题，可不要以为我在炫富哦，其实我只是一个普普通通的小学生，我的私人订制营养师，就是我最亲爱的外婆。

爸爸妈妈由于工作忙，所以从我上小学起，外公和外婆就从老家过来帮忙照顾我。老两口的分工很明确，外公负责接送我上学、放学，外婆负责我的饮食。

外婆今年六十一岁了，她以前并不精通厨艺，不过为了让我吃得好吃得营养，她戴着老花眼镜，抽空看了很多烹饪方面的书籍和电视节目，还做了好几本厚厚的笔记呢。别看外婆年纪大了，她可不是只会依葫芦画瓢的书呆子。在火候掌握、佐料搭配等细节问题上，她总是反复推敲、虚心请教，一点儿也不马虎。每当研究出一道新菜品，她都会召集家人一边品尝一边给她提建议，不断提升她的厨艺。

外婆说，要想身体健康，一定要从小养成良好的饮食习惯，做到饮食中荤素搭配、酸碱平衡、咸淡适宜。于是，她每天都变着花样给我做好吃的，并且乐此不疲。

先从早餐说起吧。俗话说，一日之计在于晨。因此，外婆特别注重我的早餐。每天除了必备的煮鸡蛋外，她还会变着花样搭配其他食物给我吃，如燕麦牛奶粥、西红柿拌面、烧麦，等等。临出门上学，她还会塞给我一小包坚果，让我在饿的时候补充能量。

午餐很丰盛。小米蒸排骨、梅菜扣肉、青椒焖肚条等都会不时地出现在餐桌上，而且总是色香味俱全。当然，时令小菜也是必不可少的，尤其是外婆做的白灼青菜，看起来新鲜透亮，青翠欲滴，让人食欲大开。餐前，外婆总是先让我喝一小碗她精心烹制的汤，说这样能减少饥饿感，防止暴饮暴食。

晚餐虽然清淡，但却不单调。除了美味的水果，外婆会下面条或者摊饼子，然后再配个凉拌黄瓜、莴笋丝什么的，吃起来既爽口又开胃。要是学习得晚了，外婆会叮嘱我喝一杯热乎乎的牛奶来缓解疲劳。

这些普通的菜肴里包含着外婆对我浓浓的爱，每次我大口大口地把外婆的"作品"一扫而光时，她就会快乐得像个小孩子。我要为我的私人订制营养师点一百个赞，愿她永远健康长寿，永远陪伴着我！

盛开的菊花

翟亚心

有一颗菊花的种子被人丢弃在森林里。它小小的心灵里萌发了一个梦想：我要开花。下定决心的它，努力朝着梦想出发了。

有了雨水的滋润和太阳的照耀，不久，菊花发芽了。周围的大树看见了这棵怪模怪样的小苗儿，齐声问道："小东西，你是谁呀？"菊花谦虚地说："我是菊花，在深秋开放的菊花！"

记忆里，那一份温暖

"哈哈哈！"大树们都笑了。傲慢的槐树说："不可能！所有的花都在春天开放。凭你单薄的样子，怎会不畏严寒，在深秋开放呢？"

菊花很伤心，它想放弃自己的梦想。突然，它听到一个低沉有力的声音传来："我相信你能行！"

菊花仰起了头，定睛一看，原来是刚才唯一没有嘲笑它的老松树。老松树朝它微笑着，接着说："你也要相信自己，人生有很多挫折和困难，你只要克服它，坚持自己的梦想，一直努力下去，就一定会成功的！"

听了这意味深长的话，菊花感动得哭了。任凭大树嘲笑，它依然坚强地成长着。

在它努力生长的过程中，却遇到了毁灭性灾难：一只小动物从它身边跑过时，踩断了它娇嫩的花枝。小菊花疼得想挣脱自己的根——也就是自我毁灭，但它想起了老松树的话，便更加坚定地生成着。

旺盛的精力和温暖的阳光使它的身体很快恢复了。过了一个星期，菊花结出了一个小小的青绿色的花苞。花苞虽然小，却包着一个大大的梦想。

秋天到了，所有的花都枯死了。而菊花却悄然开放了，那金灿灿的花瓣，点亮了森林的风景……

"哇，那菊花开得多美呀！"路过的人都不由自主地发出赞叹。菊花开心地笑了，大树也不敢再嘲笑菊花了，因为它用行动证明了一切！

没带钱包的一天

田真淇

今天是寒假的第一天，我和老妈准备到外面好好玩玩，放松一下。

早上，正当我们在门外穿鞋的时候，刮来一阵大风。"砰！""啊！"前面一声是门被带上的声音，后面一声是我的惨叫。我发现，除了老妈手里的手机，我们两个人的钥匙、钱包、公交卡都在屋里。我很着急，老妈却是一副无所谓的样子："手机带了就行！"

因为出门的时间太早，小区对面的新光天地还没开始营业。我们在七楼的"桃花源记"坐下吃早餐。这顿早饭吃得我忐忑不安：老妈等会儿该怎么付款呢？见我面有忧色，老妈掏出手机，打开"大众点评"的APP，找到了"桃花源记"这家店。"你看，他们家还有优惠呢！"老妈指着"闪惠买单"说，"等会儿就看我的了。"吃完后，服务员阿姨告诉我们，一共消费了78元。老妈点开刚才的页面，输入"78"，底下立即跳出了一个数字——"69"。哇，便宜了9元钱呢，优惠力度还挺大的嘛！老妈又轻触了最下方的"确认买单"按键，通过手机上安装的"支付宝"，很快就把钱付好了。

逛完商场，我们来到负一楼的coco，准备喝杯热饮。老妈试探着问店员：“可以用支付宝付款吗？”“可以！”对方干脆地回答。哈哈！

喝着热乎乎的奶茶，老妈问我：“去哪儿吃中饭？”“食其家！”“吃完饭要去看电影吗？”“当然！”老妈又掏出了手机。她手机上的客户端真多，除了刚才用过的，在“食其家”，她用了“美团”，省了不少钱。下午我们去看电影《最后的巫师猎人》，她是在“猫眼电影”上付的款，原价一百元的套票，用猫眼只要七十块，还有中型爆米花和可乐呢！每个星期都这样省，一年省下来的钱都够交学费了！

看完电影，我们又去诚品书店逛了会儿，用“微信支付”买了几本书。估计爸爸快下班了，我们准备回家，可是拎着大包小包好累啊！“‘滴滴快车’上次不是送了张抵用券吗？正好用掉！”老妈马上叫车。五分钟不到，一位和蔼的司机大叔就开着出租车出现了！

生活在高科技时代就是好啊，手机在手，任我乱走！

从天而降的礼物

刘一帆

我不知道它为什么会出现在那个地方，我也不知道它原来的主人是谁。也许在别人眼里，它只是一个应该被扔掉的垃圾，但在我眼里，它却是一个宝物。

它是一个蓝白相间的球，一看到它，我就想到了海王星。发现它的时候，我正小跑着去上厕所。刚看到它的时候，我并没有在意，但跑出几米之后，我又回过头去看它。是捡还是不捡呢？捡了拿回家，妈妈又该说我乱捡垃圾了。但它是那么好看，还是捡吧！

走近一看，它挺漂亮的。捡起来一掂，很轻，只是一个塑料球。也许是别人扔下的吧？

回到教室后，我和同学们玩起来，忘了球的事。直到我把手伸进口袋，才想起自己捡到了一个小球。晚上，我和妈妈去散步。我把手放在口袋里，又摸到了它。我把它拿出来看，在夜幕下，它显得那么暗淡。我看看它，又仰头看看天空。它会不会是天上某颗星星的模型呢？到路灯下仔细看看，其实，它就是一个普通的塑料球，中间那条凸出来的接缝清晰可见。但我也不知道为什么，就是舍不得扔掉它。

说它像海王星，其实，它更像地球，因为它们都是蓝色的。不，地球曾经是蓝色的，现在可不一定了。因为老师告诉我们，地球被污染了，很多森林、河流都没了，白色污染也很多。地球的温度还在上升，如果南北极的冰融化了，海水就会入侵城市，那时候，地球又会变成蓝色了吧？只不过，那样的蓝色，是没有生命的……从进入学校开始，我们学了一篇又一篇呼吁保护环境的课文，可教室里的垃圾却随处可见。环保是每个人的事，这个道理，我们真的懂吗？

这件从天而降的礼物，竟然让我想了好多……

携诚信一路前行

牛 钦

风飕飕地吹过，我缩着身子，不由自主地打了个冷战。

"烤红薯了！热乎乎的烤红薯！"前方传来了一阵吆喝声。我加快了脚步。"阿姨，给我拿两个烤红薯吧！"我边跺着脚边从腰包里掏出一张皱巴巴的十元钱递给了她。

阿姨熟练地包好了两个红薯，连同几张一元钱交到了我的手上。我迅速查看找零，眼角的余光却不经意间扫到了那多出来的一元——她多给我找了一元。

我有些慌张，哆哆嗦嗦地将钱一把塞进腰包，毫不犹豫地向前走去。我的头却不自觉地转了回去，阴暗的灯光下，我看见了阿姨那疲惫的面容，黝黑的皮肤，粗糙的手和那拉长的身影……

我别过头，继续向前走着。风越来越猛，我的步伐越来越急促，心越跳越快，额上也沁出了汗珠。蓦然间，我顿住了，双脚再也迈不出去。

"真是见鬼！"我嘟囔着，拿出揣着的两个烤红薯，却无论如何也无法咬下去。我的思绪却倏然飘向远方——

宽敞的竹屋中，一位和蔼的老人手捧一卷书，郑重其事地对他的三千弟子说道："人无信而不立。"字字铿锵，敲在他弟子心上，亦敲在我的心中。是啊，早在千年以前，孔老夫子就把诚信作为做人的准则，而我……

脑海中的镜头忽然转变，这是一个集市，街区上伫立着一根木桩，木桩前熙熙攘攘。百姓们议论纷纷："听说新县令说谁扛动这个木柱就赏金五十两！"半晌过后，仍没有人去扛。忽然，一个沉重的声音响起："我来扛！"一名大汉拨开众人，将木头扛起，轻轻松松地走到北门。新县令竟在北门等候，他亲自赏给这个大汉五十金。周围响起了一片赞誉声。这些声音飘进我的耳朵，引起我的深思：战国时期，古人都能重诚信，而我身为21世纪的少年，为什么不这样做呢？

眼前又浮现了一幅画面，破朽的房屋中，关汉卿提笔写下："去食去兵，不可去信。"刚劲有力。我觉得心猛然一震——对啊，诚信是中华传统美德，我又怎能摒弃？

心忽而松了许多，我转过身，向红薯摊走去。我在心中默念道：一定要把这一元钱交给阿姨。瞬间，心中淌过一股暖流，我感到自己仿佛沐浴着阳光，奔向诚信。

春天，万紫千红，我要撷取最素净的花朵；夏天，大雨倾盆，我要拥抱最纯净的雨滴；秋天，遍山枫叶，我要攫取最火红的叶片；冬天，白雪皑皑，我要亲吻最无瑕的雪花。而漫漫人生路上，我要携最珍贵的诚信前行！

记忆里，那一份温暖

换来的健康

咸尤文

有一种情叫亲情，有一种爱叫母爱。

——题记

母爱就像那高远宁静的草原，让人感到心旷神怡；母爱就是那波澜壮阔的大海，让人感到辽阔无垠。母爱是一口永不停息的清泉，让人感到纯洁明净。

我从小体弱多病，总是让母亲操碎了心。为了我的健康，母亲今年早早地让我穿上了厚厚的棉袄，希望可以躲过今年的流感。可还是不如愿。那天，有一个知心朋友来找我玩。我脱下了沉重的棉袄，像一匹脱缰的野马，和朋友玩了一整天。回来的时候，丝毫不觉背后已经出汗了。胡乱吃了几口，便睡倒进了温暖的被窝里。

第二天早上醒的时候，便感觉到有些不适。母亲方佛看到了我的不适，惊慌地拉着我起来。把温度计轻轻地放到我的腋下，一分钟过去了，母亲着急地看着表。终于量出来了，三十九摄氏度。算得上是高烧了，母亲小心地把我放进被窝中，找父亲商量对策去了。

在那一整天中我从未离开过那个被窝，连饭都是母亲用小勺来喂我的。为了让我尽快地恢复，母亲请来了医生给我打点滴。冰清的药液冻得我的手发麻，母亲拿来了暖水瓶，经过热水的温暖，手好像真的暖了许多。到了晚上，母亲又把我放进被窝里，把她的被子盖在我的身上。希望我出一身汗，按照母亲的说法，这样病就会好许多。整整一个晚上，母亲几乎彻夜未眠。她一面观察我的脸色，一面又用温度计测量我的体温。后来听母亲说，我的体温极不稳定，一会儿三十七摄氏度，一会儿三十九摄氏度，到清晨五点的时候我才恢复正常的体温。当第二天早上我起来的时候，身体真的轻了许多，病仿佛已经好了。母亲还在睡，我没有打扰她。我悄悄收拾好书包，准备上校车去。校车上真挤，校车正准备出发。突然看见母亲来了，把药从窗口递给我。并叮咛我"小心"，我在校车上久久凝望着这包药……

当我回家的时候，母亲因过度劳累感冒了。我的健康并不是我的，而是用母亲的健康换来的。

背　影

李帅棋

静谧的夜晚，美丽、圣洁的栀子花散发着淡淡清香，萦绕在阳台。我的脑海中闪现母亲一个又一个背影，那一个个背影陪伴着我走在成长的道路上。

一

"啊！烦死了。"我大叫道，面对着繁杂的作业，我的脑子就像要爆炸一样。我干脆躺下，一下子就睡着了。不知过了多久，我醒来了，只看见客厅的那盏金色的灯亮了起来，隐隐约约一个不算高大的身影走过，我知道那是妈妈。但我也没多想，就又睡着了。后来，有许多个夜晚，我半夜醒来都会看见妈妈的背影。我问爸爸，爸爸回答说："你每晚都踢被子，妈妈一晚要起来好几次帮你盖好被子。"我听了爸爸的话后很是感动。随着年龄的增长，我长大了，很少蹬掉被子了，妈妈也放心了。

二

"丁零零。"放学了，我来到楼下等妈妈来接我，妈妈是学校的老师，每天我都和妈妈一起回家。过了很久，妈妈还没来，我就跑去妈妈的办公室。来到办公室，我看见办公室里妈妈的背影，她正拿着一支红笔，在细心地批改作业。我知道了：不只学生累，其实老师比学生更累。我慢慢地走到妈妈的身旁，倒了一杯水给她。妈妈说："孩子，等一下，我改完了就带你回家。"

三

"下课。"老师一声令下，同学们整理好书包跑了出去。不知不觉中只剩下我一个人了，我刚下楼就听见"轰隆隆"一声，不久就下起了倾盆大雨。我心想：完了，今天无法回家了。因为妈妈这几天身体不适，请假在家休息。我蹲在教学楼下黯然神伤起来。雨中，我看

见一辆电动车在雨中转悠着，是一个瘦小的背影，好像是妈妈，但又不确定。过来了一会儿，电动车到了我的面前，正是妈妈。妈妈缓缓说道："原来你在这，快坐上来。"我问道："妈妈，你不是生病在家卧床休息吗？""傻孩子，生病也要接你回家啊！"坐在车后，望着妈妈瘦弱的背影，我的泪流出来了。

母爱，是天上的云，总让烈日先从她的身躯穿过，给大地呼风唤雨降祥和；母爱，是雨后的霞，总让清洗过的大地，不弃地躺在怀里，把七彩人生梦谱写在高高的天际；母爱是醉人的春风，是润物的细雨，是相伴你一生的盈盈笑声。

一件幸福的事

李志强

083

幸福在生活中处处可寻，而我心目中的幸福就是做自己喜欢做的事，譬如第一次投稿，虽然辛苦点儿，但我却感到很幸福。

记得六年级下学期时，我看到班上不少同学给报社投稿，原本好胜的我这时也不禁"蠢蠢欲动"了。"初生牛犊不怕虎"，我也决定给心爱的刊物写稿、投稿。

白天功课忙，只好等晚上动笔了。万籁俱寂的夜里，小屋里只有沙沙的写字声。困了，就喝一口浓茶，淋一把冷水。最让人难忍的是那些可恶的蚊子，那"嗡嗡"的声音总搅得我心烦意乱，有时点蚊香也无济于事。但为了我心中的梦，我默默地忍受着这一切。经过几天的努力，一篇凝结着我心血的文章终于大功告成了。为了不至于被退稿，我就用最漂亮的字把它抄好。

怀着一颗忐忑不安的心，我来到邮局，不厌其烦地询问寄信的方法，生怕一个不小心就会"一失足成千古恨"。工工整整地写下地址，贴好邮票，我又翻来覆去地检查可有遗漏之处，直到确认无误了，才小心翼翼地将信塞进邮筒。在信被塞进邮筒的一刹那，我那颗怦怦的心似乎也被塞了进去。

等待的日子是难熬的。我几乎天天去传达室看信，以至传达室的叔叔都熟识我了。一个月，两个月……几个月过去了，昔日踌躇满志的脸已被乌云所笼罩，最不愿意看到的事情成了现实——我失败了。尽管我不断安慰自己："别哭，失败不算什么，下一次，还有下一次啊！"但泪水还是无声地滑进嘴里，苦苦的，涩涩的……

今年的整个暑假，我一边勤奋写作，一边投稿等待。终于我的努力没有白费，新学期刚开始，我惊喜地发现自己的《藏在心底的秘密》刊登在《颍州晚报》上啦。当时别提多激动了，也感到特别幸福，简直是无以言表。这无疑大大增加了我的信心，于是我更加勤奋了……

其实，幸福很简单，只要用心体验，它就在我们身边。

帮爸爸戒烟

韩　硕

爸爸的烟瘾很大，每天至少要吸两包，如果遇到烦心事，他会一支接着一支不停地吸，即便吸得直咳，也不会放下手里的烟。看到爸爸日渐消瘦的身体和妈妈为此与之的争吵，我很痛心，决定帮爸爸戒烟。

一天，我买了一些上等的瓜子笑着对爸爸说："爸爸，我知道戒烟很难，听同学的爸爸说嗑瓜子代替抽烟是戒烟的好办法，你不妨试试看。"爸爸点点头说："好孩子，这个办法不错，你知道我多想戒烟吗，可就是戒不掉。我一定下决心把烟戒了！"听爸爸这样说，我很高兴。

几个星期过去了，爸爸是瓜子没少吃，烟也没少吸，看来我的第一步计划泡汤了。一天，爸爸在客厅抽烟，把客厅搞得乌烟瘴气，呛得妈妈直咳，我板起脸，严肃地对爸爸说："爸爸，你不注意自己的健康也就罢了，可你也得考虑考虑我和妈妈的身体吧！如果你不把烟戒了，我就跟着妈妈去姥姥家住！"说完，我装作生气的样子，"砰"地把门关上，来到书房。甭说，这招还有点用，爸爸的烟吸得少了，可是没过多久，他的烟瘾又来了。无奈，我开始了第三步。

085

一天晚饭后，我在书房里写作业，爸妈在客厅里看电视。我点着一支烟，假装直咳嗽，爸爸听见了赶忙进来，看到我手里的烟，他先是一惊，然后关切地说："孩子，你怎么吸烟啦？吸烟有害健康呀！"这时，我又故意往烟头上嘬了一口，这下咳得更厉害了。爸爸赶紧夺过烟，找地方把烟扔掉。他忽然看见书桌一角的铅笔盒里满是烟头，这下急坏了："你吸几天了？怎么这么多烟头？这可不行，身体要紧，千万不能再吸啦！"爸爸额头上急出了汗水。我看时机到了，便嗫着嘴说："为什么只许爸爸你吸，不许我吸呢？老师说父母是孩子的第一任老师，我不该向你学习吗？"爸爸听后，抱着我的头难过地说："你才几岁就抽烟！？好孩子，别这样，我知道你关心爸爸的身体，可也不能糟蹋自己呀！从今天起，爸爸绝对不吸了。"说着他把口袋里的烟掏出来扔进了垃圾桶。看到爸爸极度悔恨的模样，我"扑哧"笑了:"铅笔盒里那些烟头都是你吸的,我没有吸烟!"爸爸如释重负地松了一口气,又向我表示了戒烟的决心。

经过一段时间的努力,爸爸成功戒了烟。从此,家里没有了乌烟,没有了咳嗽声,没有了吵闹声,而是充满了温馨的欢乐声。

课堂变身记

何微烨

一周长假结束之后,一进教室,我就有一种焕然一新的感觉。环视四周,原来,我们教室里多了套白板。

听老师说,这叫交互式电子白板,一套要上万块钱呢——听到这个数目,白板在我们眼中的形象立刻"高大上"起来。下课后,我们都围在它面前,好奇不已。

因为老师们也在学习白板的用法,所以白板一直搁在那里派不上用场。我们都激动万分地期待着,期待着……

终于!秦老师准备好操练白板了。在他潇洒的手势下,白板撩开它神秘的面纱,向我们展示了它神奇的一面。

秦老师先试着点了个"音乐课程",立马就有许多乐器显示出来:架子鼓出现了,钢琴出现了,二胡出现了……秦老师拨弄着乐器,架子鼓的声音雄浑大气,钢琴的声音清脆悦耳,二胡的声音悠扬婉转……各种虚拟乐器大显神通,那教学效果,真是妙不可言。秦老师还用白板改起了作业。只见他熟练地点开红笔,在一份作业上指指点点。我们看得十分轻松，校对起自己的作业来也格外认真。下课后，我们纷纷大呼"神奇"。

白板好是好，但因为它的高科技，也闹了不少笑话。

一节语文课上，老师正兴致勃勃地讲着课，我们也专心致志地听着。这时，不知谁大喊了一声："看，苍蝇！"区区一只苍蝇，有什么好在意的？可接下来发生的事让我们目瞪口呆：只听"哗哗哗"几声，一连几张幻灯片都一闪而过，连问题的答案也被"昭告天下"了。原来，电子白板是光控的，它将苍蝇的停留误当作老师的点击了。老师连忙将幻灯片回放到之前的那张，再问问题时，班里所有人都齐刷刷地举起了手。答案已经公布了，不举手才怪呢！

因为白板的存在，我们的学习和生活变得更加方便、有趣。

班队活动课是我们最喜爱的课程之一，有了白板以后，我们看了许多有教育意义的视频，比如垃圾处理纪录片、节约用水纪录片、南京大屠杀公祭日仪式……有一次，老师给我们看了关于孝亲敬老的演讲实录。看完后，大家都沉默了，有的同学还流下了眼泪。我至今都清晰地记得其中一个故事：奶奶不肯和孙子一家去旅游，嫌行李太多，旅程太累，媳妇也顺势叫她不要去了，在家里待着。奶奶目送着宝马车离开，叹了口气，挂着拐杖回家去了。那位白发苍苍的老人真的是不想去旅游吗？我看不尽然。我想到了我的奶奶：当我们大口吃肉、大碗吃饭时，从没有想到奶奶为此忙了一天；当我们在外面疯玩了一天时，也没有想到家里还有个孤零零的奶奶……

有了白板，课堂变了，我们的收获也变了。愿课堂越变越精彩！

大雨围城记

李 萌

怎么也没有想到，一觉醒来，我们的城市，成了一片汪洋泽国。大街小巷，到处可见滚滚洪流。

我是在睡意蒙眬中被妈妈叫醒的，妈妈说："今天也许会有意想不到的大事情。"我一骨碌爬起来，问有什么大事情。妈妈让我看她手机中的微信朋友圈，已经被大水淹没街面、汽车泡在水里的图片给刷爆了。连我们昔日熟悉的广场、亲爱的校园都"泡"在了浑浊的水中；路上不见人影，只有打着转的漩涡随着流水往下冲；雨点砸在水面上，如同开锅的粥在沸腾……这可都是我熟悉的场景啊！怎么就这样被水无情淹没了？

我和妈妈打着伞蹚着水走上街。很多门店紧闭，偶尔有小汽车缓慢驶过，将公路上的水浪推向路的两边。这让我感觉一座城市也可以这样孤单，这样无助。这时，我看到一位打着伞穿着雨衣的大叔守在路边的一个漩涡旁。"妈妈，他不危险吗？他怎么一直站在那儿？"我问妈妈。妈妈说："他站的就是下水道入口处，哪有不危险的？他站在那里保护过路人的安全，可以说是我们城市的英雄了。"

噢，原来是这样。那位打伞守护着行人安全的大叔在我心中的形象瞬间高大起来。有这样无私无畏的人，我们才能在天灾面前临危不

乱，勇敢面对。

相信暴雨很快会过去，相信苦难很快会过去。加油，赤壁！加油，赤壁人！我们的明天会更好。

爱你的方式

陶　伟

良药苦口利于病，忠言逆耳利于行。

——题记

每个父母，都希望我们有一个好的未来，都望子成龙、望女成凤，但每个父母的教育方式方法却有所不同。因为不同的教育方式，造就了不同的人生。

有的父母脾气火爆、易怒，因为我们有时不听话，惹父母生了气，也许会打我们两下。但我们并没有想过他们打我们的出发点是什么？或许就因为打了我们这两下，在我们心底的最深处埋下了怨恨的种子，让它在你的内心一点点发芽、成长，最后的开花结果。所谓的"开花"就是你一次次地不顾父母的感受顶撞他们。"结果"就是你走上了叛逆的道路，不顾父母的阻挠、老师的劝导，与校外的不良少年勾结，最终走上了违法犯罪的道路，毁了自己的一生。

有的父母脾气比较温和、柔顺，当我们犯错的时候，他们会指出这种言行是错误的，说出它的坏处是什么，并告诉我们接下来应该怎

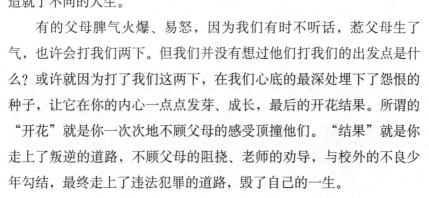

记忆里，那一份温暖

么做改正。温柔父母的教导对于一些人来说是很管用的，但对于另一些人来说就是纵容他们犯错。因为他们从小就养成了不良习惯，当面是一副乖孩子的样子，背后就是不良少年的模样。这类父母的教导会使一部分人成为社会人才，也会使一部分人成为社会败类。

"良药苦口利于病，忠言逆耳利于行"，这句话出自《孔子家语》，它的意思是良药多数是带苦味的，但却有利于治病；而教人从善的语言多数是不太动听的，但有利于人们改正缺点，无论是哪一种类型的父母，都应该用正确的方式来教育我们，该温柔就温柔，该刚硬就刚硬。当父母生气并批评我们的时候，他们的出发点不都是爱我们吗？他们不都是想让我们自己可以有一个美好的未来而努力吗？

父母都是为了我们好，只不过爱我们的方式不同罢了……

090

有趣的实验

高佳淼

今天科学课结束时，张老师布置了一项家庭实验作业：把一枚鸡蛋包裹在棉花里，放置在盒子中，从高处扔下，鸡蛋会破吗？顿时，教室里炸开了锅，形成"破"与"不破"两派。

放学一进家门，我就迫不及待地从冰箱里取出一枚鸡蛋，给它穿上厚厚的棉衣。用什么盒子好呢？有了，那个精美的装茶叶的铁盒子正合适。我把茶叶倒出来，将裹了棉花的鸡蛋小心翼翼地放进盒子里，又塞了好多棉花，盖好盖子，又用绳子将盒子结结实实捆了好几道，以免它落下去会崩开。捧在手里，我默默祈祷，鸡蛋呀，你莫怪我心狠，你一定要平安无事呀！打开窗户，哇，这么高！我们住的可是六楼啊！鸡蛋扔下去不破才怪呢！我向下看了看，没人，一闭眼就丢了下去。怀着紧张而又期待的心情，我急奔楼下，打开盒子，一点一点掏出棉花。呀，鸡蛋宝宝安然无恙！

高兴之余，我陷入思考。关于鸡蛋摔不破的实验还有哪些呢？上网找我的良师益友"度娘"吧，可网上说得更玄乎，我怎么也不相信。

实践出真知，赶紧做实验，用事实说话吧！我在茶叶盒里注入水，把鸡蛋放入水中，鸡蛋慢慢沉入水底。我往水里放入一些盐，鸡蛋纹丝不动；不断往水里撒盐，奇迹出现了，鸡蛋慢慢升起，悬浮在水中。我盖上盖子，依然缠了好多道绳子，才忐忑不安地把盒子扔下楼。我迫不及待地奔跑着下了楼，把盒子扶正，打开盖子，哈哈，鸡蛋完好无损。试验成功了！

晚饭时，爸爸解答了这个实验的原理。原来，盐溶解在水中时，水的浓度加大，当水的浮力等于鸡蛋的重力时，鸡蛋就会悬在盐水中。从楼上落下时，因为鸡蛋悬在盐水中，盐水起到缓冲作用，鸡蛋不会因为震动而破碎。

这个实验与棉花裹鸡蛋的实验有异曲同工之处，让我明白了一个道理：只要认真观察身边的事物，便会发现其中的奥妙。纸上得来终觉浅，绝知此事要躬行。不论遇到什么问题，多动动手，就会有更多、更好的发现。

记忆里，那一份温暖

美景如画

陈　超

我拿着鱼竿，提着桶走向那小河上的桥。

远远望去，小河的戒备十分"森严"：桥的两边，一棵棵枝繁叶茂的大树如军人般伫立，树与树间隔很近，整体似一道坚不可摧的围墙。

桥上，一个个风雨留下的坑洼，冰雪刺下的裂缝，被震动而脱落的石板，无不诉说着桥的苍老。

桥下，却如此生机勃勃。河的两岸，绿如玉的小草自然、美丽地排列着，让人感叹不已。岸边那些奇形怪状的植物令人眼花缭乱。瞧！那棵植物上面好像串了个香肠。那群能吹出响声的植物妖娆地摆着各种姿态：有的高傲地抬头仰望，甘愿接受火辣阳光的洗礼，有的累得弯下了腰，如同佝偻老人，还有的直接弯腰插进了水里，尽情地吮吸清凉。

站在桥上，河简直就是一幅完美的画。蓝色的天掉进水里，而抬起头，那天更如水，河水里恰似有一个新的天地。整个河面，翠绿的浮萍一片一片，一块一块地覆盖着，夏姑娘又为河添上了几笔，深绿的荷叶包围着粉红如火的荷花姑娘。一阵风吹过，一切热闹起来，蝉儿和青蛙唱起交响曲，荷叶和荷花姑娘双双在歌声中抖动婀娜的身姿，跳起优美的舞蹈。鱼儿躲在荷叶走廊里，游来游去，和钓钩玩着捉迷藏，一只只"蜻蜓飞机"停到荷叶站"加油"——休息。仔细才能发现的逗号——蝌蚪也悠闲地出来了，它们围着荷花玩起丢手绢。不知从哪儿冒出愚笨的鸭子，"扑通，扑通"地扇着翅膀，"嘎嘎"地叫个不停。小动物被庞然大物全吓得躲了起来。忽然发现了水中莲叶间有些清晰的莲蓬，真的很可爱。

鱼浮子动了一下，我连忙把鱼竿一提，一看，却只是个缠上的水草。

天渐渐黑了，桶里一条鱼也没有，但我的心里满满的。

记忆里，那一份温暖

陈　萍

书桌上的那盆吊兰开花了，没有茉莉清幽怡人，没有牡丹雍容华贵，没有槐花香飘十里。我甚至闻不到它的任何味道，只有那一朵柔白的花雕刻在我心头，感觉特别温暖。

父亲推开门，缓缓走进来，将一碗诱人的、水灵灵的、切得精细的水果轻轻放在我旁边。我一边奋笔疾书地写着作业，一边用牙签将切好的水果送进嘴巴里。父亲早已退了出去，再进来时，手里拿着一把小巧的水壶。

父亲走向那盆吊兰，柔白而又纤弱的花在微风中轻轻摇曳，似在向远方的亲人招手。父亲将水均匀地洒在它的四周，再细心地整理好它的茎叶。

我突然放下手中的笔，疑惑地问："爸爸，为什么要在我的房间里放一盆吊兰，我更喜欢茉莉花，为什么不放茉莉呢？"

父亲微微一笑，说道："吊兰虽然平凡，但是它可以吸收空气中的甲醛，保护你的健康。"

我没有立即拿起放下的笔，而是久久凝视着那盆吊兰：细细的茎叶长长地垂了下来，一点点白在这片绿中显得很渺小，微风啄了啄它的身体，它仿佛咯咯大笑似的摆了摆身体。阳光透过细缝，调皮地钻了进来，轻轻地洒在那抹柔白上。在这庄严肃穆的气氛中，我想起了父亲的温暖。

我想起父亲做的许多事，例如每天坚持削一碗诱人的、水灵灵的、切得精细的水果送到我的房间。

或许，父亲的爱早已化作那一抹纯白，在无声无息中将我包围，紧紧地，一层层地，毫无缝隙地将我紧紧裹在他的爱中。

这些年来，父爱虽然没有母爱那般香甜四溢，没有老师的爱那般春风化雨，没有朋友之间那般甜到发腻，但是他无声无息，紧紧化作一张透明的网笼罩着你，让你感到特别温暖。

小 乌 龟

尤勇皓

说起乌龟，大家都很熟悉吧，你有没有养过呢？我家里就有一只特别可爱的巴西龟。它的头尖尖的，像动车的"子弹头"，眼睛小得像两颗黑芝麻，背部那坚硬的壳，像个盾牌，尾巴短短，腹部下面四只短而粗的脚，像四个将军耙。听大人说，乌龟的寿命很长，我有时候想：这只乌龟，会不会是唐僧乘坐过的那只神龟呢？

　　一次，我趴在龟缸前玩，小乌龟见了，立即迎上来，瞪着它的两个芝麻眼看着我，仿佛在说："小主人，我快饿死了，你快点儿给我点儿吃的吧！"我拿来龟粮，扔了进去，它用四个"将军耙"一撑，"埋头苦干"起来。吃完后，我以为它会休息会儿。哪知，它竟又用贪婪的目光看着我，仿佛在乞求："小主人，能不能再给点儿？我还饿。"于是，我又给了它一点儿龟粮。这次它没有立即吃，而是眨了下眼睛像是回应我："小主人，谢谢你！"哈哈，服了服了，我彻底地被这个"贪婪"爱吃的家伙打败了。

　　不过，小乌龟虽然贪吃，但也有让人佩服的一面。有一次，我在书房里写数学作业。突然，客厅传来"啪"的声音。谁在干什么呢？好奇心驱使我看个究竟，我跑到客厅里，只见小乌龟正用它那"将军耙"沿着龟缸向上爬。哇，这小家伙想"越狱"啊！刚刚是不是它的"将军耙"没抓牢，掉下去的声音啊。只见它一步一步慢慢向上爬，小心翼翼的。我怕它真"越狱"成功了，连忙用手指轻轻一推，"啪"的一声，它猛地摔到缸底。我有些心疼，不知道它摔得疼不疼。可它还没灰心，又挥动它的"将军耙"向上爬，不急不缓，一直往上爬。快到缸顶了，我将它轻轻放回缸中，可它还是往上爬，如此反复。我被它的执着彻底征服，我不禁纳闷：难道它是《龟兔赛跑》中那只坚持不懈的小乌龟？

　　这就是我家的小乌龟——虽然贪吃，但我喜欢它的"贪婪"相，不过，更喜欢它那股坚持不懈的可爱劲。

记忆里，那一份温暖

把爱带给他人

方晓辉

自从前两天观看了大型音乐儿童剧《田梦儿》，我一直心潮澎湃，感慨颇多。

对于这部音乐剧，我难忘于排座风波中，唯有田梦儿未找到心仪的同桌；难忘于田梦儿捐出了自己的午饭钱；难忘于田梦儿在网吧捡空塑料瓶来减轻爷爷的负担；更难忘于同学们把田梦儿的爷爷当作自己爷爷的那种爱。是啊，把别人的爷爷当作自己的爷爷，把爱带给他人，这难道不正是《田梦儿》最想告诉我们的吗?

当同学们在田梦儿的爷爷"失踪"时，都把他们对爷爷的爱表现到寻找爷爷和帮助爷爷恢复记忆上来。看看田梦儿以及她的同学们，再回过头来看看我们：我们现在处于六年级，功课比较多，学习任务比较重，学习压力大，所以我们往往会容易忽视了爱心，见到老人跌倒了、盲人过马路等，可能会熟视无睹，抱一种"事不关己，高高挂起"的态度。

正因为如此，我感觉我们需要好好向《田梦儿》中的同学们学习，学习他们把自己的爱予给那些需要的人。或许在你看来，这一点点爱可能微不足道，但对于那些需要的人来说，那就是冬日里的一缕阳光，使贫病交加的人感到世间的温暖；那就是出现在沙漠中的一泓泉水，使濒临绝境的人看到生活的希望；那就是飘荡在夜空中的一首歌谣，使孤苦无依的人获得心灵的慰藉。爱无论大小，只要你去奉献了，我想，你定会为你的做法而感到自豪的。

法国著名作家维克多·雨果曾经说过："人间如果没有爱，太阳也会灭。"事实又何尝不是这样呢？爱是一个民族最可贵的灵魂，是一个国家最为坚强的堡垒。只要有爱在，无论遭遇多大的困难，都能挽狂澜于既倒，扶大厦于将倾。所以，让我们行动起来，把爱送给留守失学儿童，送给那些孤寡老人……送给身边的每一个人。"赠人玫瑰，手有余香。"当你把爱献给他人时，你也获得了莫大的幸福。要相信，只要人人都献出一份爱，世界将变成美好的人间！

马尔代夫之旅

张郁文

097

假期，爸妈带我游览了人间天堂——马尔代夫。

清晨，我们坐船出海，和煦的阳光照射在茫茫的大海上，海面闪动着粼粼波光。微风吹起，平静的海面泛起了一朵朵银色的浪花。

我们要到深海浮潜，我既紧张又兴奋。在向导的引领下，我看到大海深处有：绚丽的珊瑚丛，它们伸着柔软的触须向我们招手；一群银色的小鱼像流星一样在我们身旁游过，我还来不及看清，它们已消失在海洋的深处；拖着尖尖尾巴的魔鬼鱼，它们伸着巨大的鳍，就像天空飞翔的鹰；一只一米多长的大海龟在海底散步，步履优美轻盈，

记忆里，那一份温暖

丝毫没有在陆地上行走时的笨拙模样……置身于海洋世界的我，突然感觉自己好像变成了《海底总动员》中的那只小丑鱼，仿佛海洋就是我的家。

第二天了浮潜时，我发现，大海里的海胆长得非常美丽，一点儿不像海鲜市场上看到的那样。轻轻搬开一块岩石，就可以看到海胆的真颜。它看上去就像一只紫蓝色的星星，柔软的触角轻轻划动着，体态优雅，就像一位身着紫缎的贵妇在闲庭信步。当我忍不住去摸它时，它吓了一跳，立刻收拢身体，张开尖锐的刺，变成一个黑刺球。原来，只有在遇到危险的时候，海胆才会披上坚硬的铠甲，变成一个武士。好可惜，餐桌上的人们永远也看不到它的美丽。

每天去浮潜都有意想不到的惊喜。很快我们就要告别这人间天堂回家了，回想起这几天的经历，竟如梦如幻。

098

张爷爷与树的情缘

陈戈杰

我的家乡是一个水乡小村，如果你到我们这儿来，就会见到小桥流水、绿树成荫的美景。可是如果我告诉你，我们这里的好多树都是热心的张爷爷个人出钱出力种的，你大概不太相信吧！

张爷爷是我家邻居，他六十岁出头，老伴和儿子儿媳都住在城里，他不愿跟着去，而是一直守在村里，他每天的工作就是种树、护树。

听爸爸说，张爷爷曾在花木公司工作过，业务和人脉都熟络。几年前他退休那会儿，就花钱从花木公司买来一批树苗，一株株地栽在村边大路上。后来，他每年开春时就会先选好栽种的区域，然后买树种树。

每天，张爷爷总是很早就出去，很晚才回来。短短几年间，他把树种遍了全村，定期去浇水、养护，就像爱护自己的子女一样爱护着树木。只要有一棵树死了，他就会很伤心。村里人有的素质不高，爱在树上晾衣服什么，张爷爷见了，也总要耐心劝解人家，后来，这种情况也就没有了。

张爷爷虽然不愁吃穿，却也算不上富有，身上经常是一身当年在花木公司上班时穿的工作服，吃得也不讲究。他儿子多次来接他，想让他去城里居住，但他总是说他愿意待在这里。好几年过去了，小树苗都长成了大树。听说，村里补贴张爷爷一些钱，但他拒绝了。

现在，我们村子里到处是树，环境好了，空气也新鲜多了。这里面，张爷爷的功劳是最大的。我长大了，也要像张爷爷一样。

099

夜宿大船

杨千寻

这次旅游，我终于坐上了盼望已久的大轮船！

虽然上船时已经是晚上了，但我还是很兴奋。大船在海面上平稳地行驶着，月亮静静地照在海面上，海水缓缓地一起一伏，偶尔掀起

记忆里，那一份温暖

一个小小的浪头，轻轻地拍打着船身。船加快了速度，白色的浪花随着船的轰鸣在船尾溅起。不一会儿，船行驶到了城区附近，五光十色的霓虹灯一下子把海面打扮得漂漂亮亮的。我真想盛上一碗彩色的海水泼洒在自己身上，这样，我也会闪闪发亮了吧？海面上模模糊糊地映出了高楼大厦的轮廓，渐渐地，光线暗了，大楼也消失了，好像在和我玩捉迷藏呢。

夜色渐深，在甲板上看风景的人纷纷离开，我也准备回房间睡觉了。走下楼梯时，我看到了一条通道，便走了进去。我仔细地看着门牌号，可怎么也找不到我的舱房。我拐了个弯儿继续走，但那条通道里只有超市、电影院、吸烟室和餐厅，根本就没有房间！船这么大，我肯定是迷路了。我急得快要哭了，急急忙忙走下螺旋形的楼梯，来到了大厅。大厅里，一个保安正在四处转悠，我赶紧上前求助。在保安叔叔的帮助下，我终于找到了房间。

我们的房间很小，床有点儿窄，我和妈妈挤在一起，像两根豆芽菜。不一会儿，我就热得发慌，开始流汗，我只好往边上靠了靠。热是不那么热了，可妈妈毯子上的毛扎得我直想打喷嚏。我坐了起来，爬到上铺，想和爸爸一起睡，谁知胖胖的爸爸更占地方，他还把胳膊放在我的身上。我只能回到下铺，勉勉强强地睡着了。

"咕噜噜，咕噜噜……"船在行驶的时候，就像有一个轮胎在我的身下滚呀滚，走廊里还有说话的声音。我左翻翻，右翻翻，终于睡着了。

我想说：在船上欣赏风景是美好而浪漫的事，但是在船上睡觉就太痛苦啦！

今年春天我很担忧

　　看，外头的世界姹紫嫣红，一片繁盛，空气中都充满生命的跳动！奶奶，过去您总是想着大家，关心大家，而今年春天，我也为您而担忧。

一路有你

周　潇

因为一路有你，才会有现在的我。

——题记

从我呱呱落地时起，就知道有一个人一直在我身边陪伴我；从我懂事时起，就知道有一个人一直在我身边教导我；从我上学时起，就知道有一个人一直在我身边默默关心我……那人便是你，母亲。

幼稚岁月中

经常听爷爷奶奶提起我小时候的糗事。每每说起，都会忍不住笑起来，唯独有一件事，当他们谈起时，都会心疼不已。

小时候的我很调皮，经常跟在表哥后面"疯"，也为此受了不少罪。有一次春节，家家放起了炮仗，我为凑热闹，就去表哥家了。表哥想捉弄我，便把一个小鞭炮放到我手里，让我捏紧，他点火。年幼无知的我还觉得很好玩。刚巧妈妈来叫我回家，看见我手上的东西，吓了一跳，赶紧抢了去。可就在这个时候，我听见了"砰"的一声，爆炸了，我愣住了。看着妈妈的手，我傻了，"哇"的一声大哭起来，惊动了在房里看电视的大伯，大伯看见后到我家叫来了爸爸，爸爸将妈妈送到了医院。而我却留在家中哭了很久。

忐忑考试时

"妈妈，明天就要期末考试了，我好紧张。要是考砸了，怎么办啊？"

"傻丫头，担心什么啊，要有平常心，考砸了也没关系，只要尽力就好。"妈妈在一旁安慰我说。

"可是爸爸会说我'学习不用功，就知道玩'。"我学着爸爸的口气，把在一旁的妈妈逗笑了，她说："别担心，他要是敢说你，我帮着你。"我高兴地点了点头。

五天后，成绩出来了，我没让妈妈失望，考得还不错，也免了爸爸的一顿骂。妈妈看到我的样子，也高兴起来了。但是她又提醒了一句："谦虚使人进步，骄傲使人落后。你要懂这个道理。"

"嗯，我知道的。"

伤心离别后

"呜呜……我舍不得你们……"小学毕业典礼上，我们一帮"死党"哭得稀里哗啦的，连在一旁的老师和妈妈也流出了泪。没有多久，老师拍了拍手，说道："大家收拾好心情，该去拍毕业照了，将自己最好的一面留给大家吧。"

"咔！"结束了，六年的小学时光结束了。回到家中，我就坐在床边，看着照片，那一张张熟悉的脸，可能以后再也见不到了。这时妈妈走了进来，望着我说："宝贝，别难过了，天下无不散之筵席。相处久了，自然会分开，可是不代表就没有再相见的时候。"

对啊，王勃曾说过："海内存知己，天涯若比邻。"只要我们之间的友谊深厚，天涯海角也不能将我们分开。

妈妈，是你，用你那颗宽容的心包容了我；是你，用那看似平淡无奇的话语鼓励了我；是你，在我伤心之时，给了我前进的动力。你，用你那特殊的爱——母爱，包容、鼓励、给我动力。我想对你说："没有你，就不会有现在的我，因为你，塑造了现在的我。谢谢你。"

家乡的端午节

谢　园

104

我的家乡在江苏省兴化市的一个村子里，这里水多、田多，素有"鱼米之乡"的美誉。

每逢端午节要来临，宁静的芦苇塘里就会变得热闹起来。人们三三两两地到芦苇塘里摘粽叶、拔菖蒲、割艾草，歌声、笑声响成一片。我的奶奶自然也在摘粽叶的队伍中。粽叶摘好后，人们都会回家把粽叶用开水焯一下，然后晾在绳子上，为包粽子做好准备。

你知道端午节吃粽子这一习俗的由来吗？据说端午节吃粽子是为了纪念伟大的爱国诗人屈原的。楚国才子屈原受到权贵的排挤，觉得报国无门，于是就投入汨罗江自尽。人们怕鱼儿吃掉他的尸体，就把粽子投入江中，以裹鱼腹。为了祭祀怀念爱国诗人屈原，从此端午节吃粽子的习俗就流传开来了。

端午节这一天，最快乐的就是我们这些小孩子了。我早上会早早起来，吃粽子，蘸白糖，鸡蛋两口吃光光，然后再拿两个鸡蛋放在妈妈用彩线给我编的"蛋兜"里，一路上哼着儿歌"五月五，是端阳。插艾叶，戴香囊。吃粽子，撒白糖。龙舟下水喜洋洋……"往学校奔去。咦，带鸡蛋去学校干什么呀？原来，在我们这儿，小孩子们有一个"斗蛋"的习俗呢。将鸡蛋两两相撞，看谁的蛋厉害，能把对方的蛋撞破。败了就吃掉，赢了继续找人斗。整个课间，学校里到处是孩子们斗蛋的场面，其乐无穷呀！

中午的美味就不必介绍了，家家户户的桌上都摆上了"五红"，真是大饱口福！

盼着今年的端午节快点儿到来！

学 会 感 恩

陈安之

从我们出生的那一刻起，我们就被爱包围着——父母的疼爱，老师的关爱，同学的友爱……他们为我们营造了一个充满阳光与温暖的世界。我们要学会感恩，学会回报和给予爱。

父母是我们感恩的对象。自从我们呱呱坠地，父母就为我们操劳。小时候，年轻的父母为了养育我们而失去了青春；上了小学后，勤劳的父母为了教育我们耗尽了精力。父母为了我们牺牲了太多太多，当我们过着高枕无忧的生活时，千万不要忘了感恩父母。

学会感恩，我们要感恩老师。老师像辛勤的园丁苦心培育树苗一样培育我们。他们用满怀的热情，栽下一片绿荫，直到桃李满园才露出欣慰的笑容。老师用真诚的劝勉、和蔼的批评让我们学会了如何面对困难，如何感受生活，如何珍惜幸福。这其中的点点滴滴把我们的生活点缀得精彩而美丽。老师用真心培育灿烂的花朵，我们只有在心底表达对老师的深深感激！

学会感恩，感恩关心、支持我的朋友们。在我们生活的点点滴滴中有他们纯真的足迹。他们在我遇到困难时，伸出援助之手；在我获得成功时，为我欢呼；在我考试失利时，为我打气……每一声问候，每一个眼神，无不流淌出真情，流淌在彼此心间，涓细而流长。

学会感恩，常怀一颗感恩的心，感谢我们身边的每一个人，你会懂得许多。如果每人都会感恩，这个世界将会变得非常美好，成为一个充满爱的世界。

106

田 园 之 趣

王子园

周末，我回了趟老家。早晨，天刚蒙蒙亮，我隐隐约约听到几声鸡鸣，朦胧中，一缕清风拂来，我不禁打了个哆嗦，猛地坐了起来。"哎呀，差点儿忘了，今天答应奶奶去地里挖花生、摘豇豆的呀！"可谁知起来时，少眠的奶奶已经出去散步了。等奶奶散步回来，我便迫不及待地拉着她出发了。

我跟在奶奶身后，走在松软的乡间田埂上，手里拿着奶奶给的糖果，喜滋滋地哼着小调儿，别提多开心了！走了不多久，我们就到了菜地。只见豇豆的藤蔓攀爬在用竹竿搭起的架子上，像一道道绿色的屏障，高高的藤蔓上挂满了淡绿色的豇豆。旁边的一块地里长着绿色的植物，我不知道是什么，正要问奶奶，奶奶对我说："这儿种了不少花生呢！"什么？我有些不相信自己的耳朵，我一直以为花生是长在树上的呢。要不是亲眼所见，谁会相信原来那些可爱的小精灵是藏在地下的呢？

　　我挎着篮子，小心翼翼地走进菜地，瞅准一条豇豆，一拉，"啪"，豇豆被我拽了下来，不过，架子也差点儿被我拉倒。奶奶看见了，连忙说："慢些，慢些，架子要被拉倒喽！要这样摘……"奶奶边说边示范。学会后，我来劲了，一会儿就摘了一大篮豇豆。

　　摘完豇豆，我转悠到花生地。这挖花生的活儿我还真干不了，只得看着奶奶挖。只见奶奶拿起钉耙对准花生秧使劲儿锄了两下，土就松了，她扯住花生秧一拔，哟，竟然拔出了一大串花生。"花生宝宝，花生宝宝出来喽！"我惊叫道。

107

　　不知不觉到了中午，奶奶要回家做饭，我蹦蹦跳跳地跟着奶奶往家走。奶奶手里拎着沉甸甸的战利品，我嘴里含着糖果，边走边踢路上的小石子，路上飘荡着我们的笑声。

我和慢性子老妈

陆静怡

"呀，要迟到了。快点儿，快点儿，老妈你怎么总这么慢吞吞的！""哪里要迟到了？还有五分钟呢！你的性子怎么这么急？一个劲儿地催。"星期天一大早，急性子的我与慢性子的老妈又上演了一番"唇枪舌剑"。

我嘟着嘴，眼巴巴地站在门口看着老妈在那里磨蹭，急得直跺脚。这周末，我们和姨妈、表姐商量好要去游乐场。明明定好准时出发，可现在距约定时间已经过去十分钟了，老妈依旧慢条斯理地对着镜子仔细打量着自己身上的衣服。"老妈，大姨、表姐早就在小区门口等我们了，刚才还特意打来电话催促，你倒是快点儿呀！""急什么急？出去玩又不是做什么要紧的事。我觉得我穿这件衣服有点儿显胖，稍等，我换一件。"妈妈一边慢条斯理地打开衣柜，一边满不在乎地回答。

面对这么个完全没有时间观念的老妈，我敢怒不敢言，只好无奈地走回客厅，继续转悠着。

咦，妈妈的房间怎么这么安静，难道她已经准备好了，可以走了？

我的内心一阵狂喜，连忙探头进去，嘴里说着："可以了吧，快点儿走吧，她们肯定急死了……"天哪！老妈居然在慢悠悠地对着镜子"精描细画"！摄于老妈的威严，心急如焚的我除了等待，还能干什么？

终于，老妈的妆化好了，我长出了一口气，急切地说："可以走了吧。"说完便大步流星地往门外走去。"慢着，我再换双鞋子。"我知道，我又要空欢喜一场了。因为老妈绝对不会随便拿双鞋子套在脚上，她一定会反复挑选、比较——鞋子要和衣服、皮包相配……

果然，分针不疾不徐地又走了半圈，慢性子的老妈依然没有换上鞋子。反而又在床上堆满了衣服、皮包，慢腾腾地挑来选去。我急得一个劲儿地唉声叹气，可是，急有什么用？墙上的钟表指针依旧一下、两下、三下……不紧不慢地跳动着，我真恨不得钻进去把指针拨回去，把被老妈浪费掉的宝贵时光追回来。

"好了，走吧。"仿佛过了半个世纪，妈妈总算收拾好了。看着我急得冒火的样子，她居然安慰我说："你急什么，时间还早呢。你得多学学你老妈，遇事要像我一样从容、淡定。"

看着老妈一副"语重心长"的样子，我真的无语了。一向"争分夺秒"的我居然有这样一位慢性子的老妈，真是急死我啦！

秋天的画卷

路静肖

美术课上，老师让我们自由作画。我正在思考画什么好呢，这时，窗外蝴蝶般翩翩起舞的落叶映入我的眼帘。我灵机一动：秋日朗朗，何不把眼前美丽的秋天画入画里呢？对，我就画秋天吧！

说到秋天，我脑子里立刻浮现出乡下爷爷家院子里的那些柿子树。如今，那些柿子也该成熟了吧？我想起去年秋天去爷爷家看到的情景：满园的柿子又大又红，它们一个个有序地挂在枝头上，像一盏盏小灯笼。一阵微风吹来，枝头上的柿子轻轻地摇摆，好像在和你打招呼呢。还有些柿子熟透了，吸引了许多不知名的鸟儿。它们叽喳叽喳地在树上开着会，仿佛在讨论该如何分配这满树的柿子。想到这里，我立刻拿起棕色的画笔在洁白的纸上画了一片柿子林，接着用红色的画笔在树梢上画出许许多多的柿子，就像在树梢上燃烧的火焰。我还在树枝上画出了觅食的鸟儿，它们一只只活蹦乱跳的，像是在庆祝这个丰收的季节。

画完了果园，接下来画点儿什么呢？有了，画桂花树吧。爷爷屋前的桂花树也该开花了。害羞的桂花零零星星地藏在密密麻麻的叶子间。我凑近一闻，一股沁人心脾的清香令人神清气爽。想到这儿，我拿起笔在纸上画了几棵茂密的桂花树，叶子间隐藏着星星点点的桂花，它们正在默默地吐着芳香呢。

还有那稻田！金黄的稻田像铺在田野上的金块。稻田里，许多农民正在辛勤地收割，他们要赶在秋雨来临前把"金块"搬回家。想到这里，我用黄色的画笔画上一片金黄的稻田，再用细细的笔勾勒出辛勤的农民。

"路静肖的画为我们呈现出一个忙碌的丰收季节，火红的柿子、清幽的桂花、金黄的稻田，还有辛勤劳作的农民，这是一个多么动人的季节啊！"听着美术老师的点评，我开心地笑了。我仿佛进入画中，奔跑在金色的田野上……

我的空姐梦

崔　平

每个人都有自己的梦，有的人为了实现心中的梦，努力进取，想尽办法实现梦。

我的梦是当一名空姐。

我曾经在电视上看到许多穿着空姐服的漂亮阿姨，她们举止优雅，无论发生什么事，她们都时刻保持乐观，时刻微笑着。

当空姐可以在祖国辽阔的天空中翱翔，飞机从一个地方飞向另一个地方，空姐在飞机上可以帮助遇到困难的旅客，不仅如此，而且还可以在飞机上交到知心的朋友。空姐可以扩展自己的知识面，与外国人交流，可以使自己的英语变得很流利、熟练，可以借机去那些一直想去的地方，上班就可以当作是在度假。

当然，当空姐必须不怕头昏，而我天生就头昏，哪怕连汽车也不太能坐，所以，我一直在训练，一定要改掉晕车的毛病，这样我离当空姐的梦就会靠近一步。

在湖南卫视的"天天向上"节目中，我看到空姐服装有各种各样的，有红色的，有蓝色的。她们的脖子上都绕着一条丝巾，两只手都是放在腹部，对旅客表示欢迎时，会轻轻地弯了一下腰，露出一个淡淡的微笑，使人感觉很亲切。我想当一名空姐，虽然当空姐离我有十万八千里的距离，但是我相信总有一天，我会实现我的梦。

心中有梦想，就会努力拼搏，为实现梦想而奋斗。梦想虽然有时实现不了，但还值得一试，哪怕一次也好，不敢尝试的人，永远只能做个平凡的人。

爱，需要言表

梁馨月

我曾经固执地以为，爱根本无须表达，但自从我看到过许多因为不表达而错失了诸多机会后，我认为爱就要大声说出来，不然，会丢失很多仅有一次的机会。

很多年以前了吧，我的太爷爷弥留之际，亲戚都痛哭失声。太爷爷生前不知为何，对爷爷特别"不满"，虽然很富有，但每次太爷爷给爷爷的钱总是比其他兄弟少得多，这就是农村人的思想吧，爱哪个给哪个多，"一碗水端不平"吧。爷爷却从无怨言，勤勤恳恳，用最少的钱干出了最大的事业。因为太忙，虽然总是尽量抽出时间去看望太爷爷，但次数仍然很少，太爷爷以为爷爷因为分钱问题而怨恨，所以关系有些僵。其实，太爷爷不偏心，金钱都是按孩子们所需财产分的，爷爷会打理，所以分得少，爷爷能明白太爷爷的用心良苦。

那天，爷爷正在做事，听到这个消息，他立刻放下一切，连车子也没骑，一路狂奔，他知道，太爷爷这次真的要离开了，他要将爱父之情不留余地地全部说出来，他感受得到太爷爷的爱子之情，就像他爱孩子一样，根本没有什么偏差，只是根据实际用合适的方法表达感情，那路啊，为什么那么长，你可不知道，那么长的距离是父与子的距离，如果不及时靠近、靠近，将会成为两代人心中永远无法割舍的，永远深感遗憾的伤情。那么长的距离是生与死的距离，如果不及时赶到、言表，将会成为爷爷心中永远抹不平的伤情。距离，总是留下一些令人惋惜、催人泪下的遗憾，爷爷还是没能赶到，他永远失去了父亲，永远失去了和父亲在一起的时间，永远失去了向父亲说一声的机会。每当他提及太爷爷和自己在一起的快乐往事，爷爷总是抿一口茶，眼圈红红的，太爷爷是爷爷心中永远的伤，这个伤永远不会结痂，总是伤着爷爷这个花甲老人……

　　花儿飘落了，永远不会再开得像原来那么美，失去了才知道后悔、珍惜，为何仍有时不及时说"爱"，等到失去了，又挽留，那是不可能的事，没有人可以容忍你曾经的绝情。

　　世事，没有人能料到下一秒会发生什么，下一秒也许相爱的人将会生死离别，珍惜能够相处的每分每秒，爱，就要大声说出来啊，不要让距离成为交流的隔阂，不要让害羞成为表白的障碍，记住，不论何时，不论何地，只要你表达爱，就没有任何问题。

　　爱是人类永恒的话题，没有任何法律可以限制爱，一句"我爱你"足以成亘古不变的爱的宣言，我要大声宣告：亲人们，你们是我一生最爱的人，永远无人能及。

吃货来袭

代小龙

"嘿！大小吃货们、馋猫们！看过来！看过来！"

看，今天是星期天，我又当了一回海豚族，从家里扫荡来了不少于一吨的零食到学校。看，啧啧，真是美味啊！我坐在座位上，右手一包麻辣鱼，左手一瓶炭烧奶茶，桌上饼干堆积如山，桌下也是鼓鼓的一包，再看看书包，让我们为它画"十"字祈祷吧——无限接近于崩溃了，连拉链都有想裂开的冲动。可我在这儿，它怎敢有一丝松懈呢？喂，说你呢！闭上你那塞得下一个鸡蛋的大嘴，我这算什么？看看吃货排行榜你就懂了，我才只是老五而已！"而已"，懂不懂？

NO.1 宁家伟

说起他，他就是大名鼎鼎的第一，也就是老大，是所有吃货的偶像，是老师最恨的人。看，他又在"作案"了！只见他鬼鬼祟祟，右手开始向两桌之间的空隙探着，不一会儿到达了屉子中，摸索出一块饼干，等候时机，好！就是现在！只见老师拿起粉笔，看书，写字，再看一下书，转过身来，与此同时，他拿起饼干，入嘴，咀嚼，吞咽，清理口中残渣，喝水。总之，他在这几秒钟内完成的"事业"是每一个吃货的"梦想"——做梦都不敢想。可马有失蹄，人有失策，他也有失算的时候。有一次，一位老师写着写着粉笔突然没了，转身取粉笔时眼皮一抬，他这一壮举便被定格了，那后果便可想而知了。

NO.2 胡学宇

他为什么排第二呢？这是许多人心中共同的疑问。或许大家会说，不会吧！他是吃货？让我来告诉你吧！别看他长得十分文静秀气，戴了一副小眼镜，像极了一个喝了一肚子墨水的文艺青年，可你们不要为事物的表面现象所迷惑。让我来揭穿他的真实面目吧！他可是一个鲜为人知的吃货，极会伪装，上课吃东西从没有被老师逮到过，连他的同桌都不知道。这是我们心目中偷吃东西的最高境界！可他的胃口似乎不大，很容易满足，只吃一点儿就不吃了。这大概也就是他只排第二的原因吧！

115

NO.3 毛启琛

"啊！阿门，救救我——手中的饼干吧！再拿就没有了！"我苦苦哀求道。可他那好似吸尘器的手似乎永远吸不满，最后，他满脸笑容，双手捧着一大堆饼干走了。看着手中渐渐瘪下去的塑料袋，我万般无奈，只愿世上有条遗忘河，我要让他忘了他的"吸饼干大法"，到那时，我就可以完完整整吞下一包饼干了！那对我来说可就是快乐似神仙了！

NO.4 王章睿

他嘛，从来不吃学校饭菜，一心只考虑如何为"商店的发展做贡献"，我看好他，他有当领导的潜质。不骗你，他可是班长大人哪！有一次，我又看见他去商店买东西吃，竟傻傻地问了一句："嘿！你为什么天天买东西吃啊？"他扬着眉头不屑地说："哥碗都没有，拿什么吃？用手抓吗？台湾的手抓饭可比这好吃多了！"说完，就旁若无人地吃开了，呛得我半天没回过神。真后悔问他这个问题，简直就是在给自己挖坑嘛！

再看看眼前，喊完后因查看了一下这排行榜，片刻工夫，我的那些冤家们早以风卷残云之势掳走了我所带食物的90%。真是悲哀啊！算了，大人不计小人过，再告诉你们我为什么排老五吧！其实，我没别的，就一张能吃穷一个国家的大嘴，人送外号"深渊巨口"。

说罢，还是让我好好当一名吃货吧！嘿，宁家伟、胡学宇，别吃了！毛启琛，这包给你，你快走！班长大人——王章睿，别吃了！你们这群冤家还有完没完？还有我，赶快收拾好桌上的零食，老班来了！

116

那　背　影

赵瑞虎

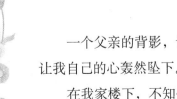

一个父亲的背影，让朱自清的眼泪潸然落下；一个猫咪的背影，让我自己的心轰然坠下。

在我家楼下，不知何时有了一只流浪猫。院子里车的底部就是它的"移动住所"：夏天，在下面的阴凉处打盹；冬天，在下面蜷缩着取暖。我也忘却了，它是在什么时候进入了我的视线，但它的确是我的一个玩伴，只要我一回到家打开库房的门放自行车，它就来了，要不就是在脚蹬底下蹭蹭被虱子咬的包，要不就是在自行车的轮子之间穿梭嬉戏。它那黑白相同的毛总是顽皮地掺杂在一起，然后它再迷惑地叫几声。它臃肿的身体光滑而胖，却又十分灵活，每次我总是和它嬉闹一番，然后和它说再见，看着它拖着身子蹒跚地离开、留下一个小小而可怜的背影。

　　不知何时，它有了个小伴。那个小伴的声音沙哑．让人听了总觉得不舒服、眼睛是那种狡猾的绿，毛色也是不黄不黑、搭配不匀的那种颜色。总之一句话：它可是比那只猫差多了。它像是想要把小伴和我拉在一起当个朋友，可是似乎办不到。它的那个小伴很害羞似的，一见我就仓皇地逃到车底，好像我是猫咪杀手之类的人。那只猫咪的声音更加纯净，似乎有一种信赖包含在里面。我想，这是任何拟音器都无法模仿的，因为那些模仿、人造的东西都是滞笨的、不实的。它是相信人类的。它的背影给人一种从容不迫的感觉，让我对它有了好感。它不只是一只猫，它是一只超越了信赖，超越了情感的动物。

　　上帝好像总是坏事。

　　一次，班上有人带来了鸡翅，由于一时疏忽掉到了地上。我叫起一筹莫展的同学："那只鸡翅我来处理吧。"何乐而不为呢？于是她就把那个鸡翅用卫生纸包好，"送"给了我。猫咪平常都是吃别人的剩饭剩菜，我就让它"开开荤"吧。

　　在街口就看到它那臃肿的背影了，它正在那儿"踱步"。我把那层卫生纸撕开，把鸡翅小心翼翼地递给了它。那时我马上就有了一种施舍后的快乐与满足。它先是没有表情地一愣，然后用前爪试探了一下，确定没有危险之后，才用前爪把鸡翅抓起。

　　"哧！"

　　随着一声短促而急躁的刹车，一辆自行车突然停顿在我们俩的面前。那辆自行车的前轮好像还撞到了猫咪。"喵呜！"它惨叫了一声——这个罪恶的轮子撞到了猫咪。然后，它惊恐地、连滚带爬地叼着这可能是一生中唯一吃到的一次大餐，走了。它只是留给我一个惊恐的背影……

它走得很迅速。

它走得很坚定。

它走得很悲凉。

然后，我再也没有见过它。

我时时刻刻都在想：它现在在哪儿呢？

赵家美食大比拼

赵　岭

"你还是投降吧，跟我比，真是不自量力！"老妈向老爸翻了个白眼。

"这次我肯定能赢，'逆袭'必须成功！"老爸胸有成竹地还击。老爸老妈在争什么？且听我慢慢道来。

原来，我们家每月一次的美食大赛又开始了。参赛选手是老爸和老妈，裁判自然就是我了。"各就各位，第三届'赵家美食大赛'正式开始，有请两位选手闪亮登场！"

首先登场的是摘得两届桂冠的1号选手——老妈！她的口号是："厨房，厨房，女人的天堂！"她的目标很明确，争取上演"帽子戏法”，让老爸心服口服。

2号选手——老爸，此番登场就是想证明自己的厨艺高超，争取成功“逆袭”，扳回一局，为自己的“老脸”争光。但他打出的是柔情牌，口号是："老婆辛苦了，可以远离厨房，好好歇歇了！"

"今天比赛的主要食材是米饭和玫瑰，比赛现在开始。"我大声宣布。

老爸眼珠子转了转，似乎脑袋中有一个小灯泡亮了起来。他跑进厨房，拿出火腿肠、黄瓜和胡萝卜。我不禁为他担心："2号选手，不会又要做招牌炒饭吧？我这个裁判可是吃腻了！""嘿，你就等着瞧吧！"老爸冲我神秘一笑，卖起了关子。

老爸把米饭松散地铺在一张紫菜上，摆上切成细条的黄瓜、胡萝卜和火腿肠，还淋上了西红柿汁……一看这架势，我就明白他是在做寿司呢！嘿，原来老爸知道我喜欢吃西红柿味的寿司，想投我所好。我可是公正的"包青天"，味道好才能给高分。

"呀——"老爸的惊呼声打断了我的思绪，原来他在卷寿司时用力过猛，饭粒从寿司两头溢了出来。唉，手忙脚乱的老爸是要一着不慎满盘皆输了吗？经过一番补救，老爸终于成功地把寿司卷好、切好，摆了满满一碟。一块块寿司胖嘟嘟的，红白相间，一看就很诱人。我拿起一块尝了尝，软糯的米饭、脆脆的黄瓜和胡萝卜，再加上西红柿的香味……嗯，还不错。

119

那玫瑰要怎么用呢？哦，原来寿司旁边还放着一杯热气腾腾的玫瑰花茶。一杯热水加几瓣玫瑰，就把食材都用上了，真是一个会偷懒的老爸。

老妈呢？她早在厨房忙开了，锅里的米饭、肉粒、黄瓜丁等食材在锅铲的舞动下旋转、翻滚、跳跃，像正在跳优美的芭蕾舞，加上老妈有节奏的歌声，锅里飘出的香味儿——这才是真正的"厨房大舞曲"呀！老妈把炒好的饭盛在一个扇形的碟子里，摆上一颗又红又大的枣子。一阵阵香气扑鼻而来，金黄的米饭透着热气，我忍不住尝了一大口。哇，香、甜、有嚼头。

紧接着，老妈又得意扬扬地端上另一道创新菜——香酥玫瑰。面粉、鸡蛋加水调成糊状，将玫瑰花蘸满面糊放入热油中炸熟。金黄的色泽，酥脆的口感，加上浓郁的花香，味道好极了。

"现在，我宣布比赛结果，"我故意拉长音调，"1号选手胜出，2号选手'逆袭'失败，希望他下次再接再厉！"

获胜的老妈笑得合不拢嘴。在欢乐的气氛中，我们一家人品尝着美味，期待着下个月美食大赛的到来。

今年春天我很担忧

谭家俊

冬去春来，又到了万物复苏的季节。窗外柳絮漫飞，小树随风摆动着身躯，清脆的绿叶为它伴奏，发出"沙沙沙"的声响，小花小草刚刚探出头来，好奇地打量着这个生机勃勃的世界。一大家人又相约在这绿意盎然的季节一起去郊游，可是，今年春天缺少了与病魔作斗争的奶奶。奶奶，我很担忧您，您的病何时才能痊愈？您何时才能与我们一起去郊游？

您的高血压一直是个顽疾，发作时会头脑胀痛，甚至下不了床，爸爸带着您四处奔波，寻找良医，却始终无法让您的病痊愈。

记得那是一年暑假，烈日炎炎，天气闷热，我吃过午饭后来到客厅去看电视，却见您双手撑着桌子，脸色发白，眉头紧紧地挤到了一起，冷汗直冒。我想一定是您的病犯了，慌忙把您扶到床边躺下，正准备给爸爸打电话，您却一把抓住了我的手说："别告诉你爸爸，他今天在开会，别让他担心，我忍一忍就过去了……"奶奶啊奶奶，您总是这般倔强！

后来，到了秋天和冬天，您的病也发作得越来越频繁了。天气转凉，您的手也总是冷冰冰的，握在我手，忧在我心。——走过落叶和积雪，我总要为您祈祷。过去您给我做美味的蛋饼，在我睡前给我讲故事、颂诗词，现在我也多想为您做一些小事！等天气暖和了，我们一起出去走走好吗？

现在，春天已经到了。看，外头的世界姹紫嫣红，一片繁盛，空气中都充满生命的跳动！奶奶，过去您总是想着大家，关心大家，而今年春天，我也为您而担忧。您的病何时才能痊愈？愿您早日康复！

121

春节自驾行

蒋子玉

农历春节，是我们一家三口最为辛苦的时候。为了和分处安乡和岳阳的外公外婆、爷爷奶奶团聚，我们不得不坐着长途车两地奔波。长途车行车颠簸、空气又不好，我和妈妈每每因晕车而吐得天昏地暗，看得爸爸心疼不已。今年我家买了私家车，技术还算不上熟练的爸爸毅然决定要自己开车回去。

大年三十儿的中午，我们在外婆家早早地吃完了团圆饭，收拾好东西准备出发。我推开外婆家的大门一看，外面银装素裹，地上、树上、屋顶上全是雪，雪花在空中迎风飞舞。见此美景，我兴奋得在雪地上又蹦又跳，大人们的表情却有些严肃。

"这么大的雪，路上可一定要注意安全。慢慢开，千万别着急。"在外婆的嘱咐声中我们出发了。一路上，爸爸聚精会神地开着车，妈妈坐在副驾驶的位置上替老爸看着路，我躺在后座上抱着靠枕安心地睡着了。突然爸爸一个急刹车，我滚下了座位，猛然惊醒："怎么啦？""堵车了！"爸爸答道。我把头伸出车窗一看，外面的车已经排成了长龙。由于地上结冰路滑，车子像蜗牛一样在爬行。足足等了半个小时，我们才一步一停地挪到了五百米开外的南华大桥桥头。一个难题摆在了我们面前，由于天气寒冷，桥面结了厚厚一层冰，车子不停地打滑。爸爸是新手，第一次遇到这种情况不知怎么应付，一连踩了几次油门都因为太滑动弹不得。我们正不知所措时，过路的一位出租车司机从车窗探出头来："不要紧张，握紧方向盘，上坡轻轻踩油门，下坡松油门，千万不要紧急刹车，另外两个人在两边慢慢推。"在好心师傅的耐心指导下，爸爸试了试，慢慢找到了诀窍，车子缓缓在桥上前行。大约十分钟后，我们的车子终于安全地驶过了南华大桥。我们谢过那位好心的出租车司机，重新上车出发。

一路上，因为地面积雪结冰，不少车辆出现事故。爸爸因为有之前的行车经验，一路走走停停，小心谨慎驾驶，经过七八个小时，我们终于平安到达岳阳，一家悬着的心终于放了下来。

过年了！过年了！我兴冲冲地点燃了烟花。屋内一路全神贯注驾驶的爸爸已经疲惫得沉沉睡去，脸上挂着幸福的微笑。

一个承诺改变了我的同桌

张钰杰

他是一个帅气的男孩儿。从幼儿园开始，我俩就是同学，现在他是我的同桌。他的学习成绩一般，经常受到老师的批评。

他练就了一手"弹指功"，无论是上课还是下课，他的手都不停地弹，这也许是他学习一般的一个原因。他的"弹指功"非常厉害，只要在你的脑袋上一弹，就会让你疼痛难忍！

我和他的"战争"接连不断……

语文课上，老师让我们做课堂作业，他的胳膊不断往我这边挤，我忍无可忍，将他的胳膊推了回去。声音惊动了老师和同学，几十双眼睛齐刷刷地投向了我们，结果我们一起被罚了站。下课了，我们只好谈判，画下一条互不侵犯的"三八线"，才平息了这场战争。画线时，他那个认真的劲儿呀，简直连一毫米都不肯让步。

但是，这条"三八线"并没有平息我们之间的"战争"。在接下来的日子里，他竟然一次又一次地越过"三八线"对我进行挑衅。可我只能用眼瞪着他，拿他一点儿办法都没有。

一天下午，他竟然出乎意料地邀请我去他家吃饭，还向我赔礼道歉。我征得妈妈同意后，就去了他家。他妈妈早就做好饭了，有蒜爆肉片、可乐鸡翅……真是丰盛极了！

今年春天我很担忧

等我吃完后，他突然神秘兮兮地对我说："张钰杰啊，我以后再也不欺负你了。我爸妈总是埋怨我学习不好，还经常受到老师的批评。我爸说了，如果这次考试我能考三个'A'，放假后就让妈妈领着我去西藏旅游。西藏那可是我做梦都想去的地方啊！你学习好，一定要帮我啊！"他眉飞色舞地说着，口水都要流出来了。

我终于明白了，他请我吃"大餐"的目的是让我帮他复习，考三个"A"，好实现去西藏旅游的目的啊！我心中暗喜——一定要借这个机会，好好地改变他！我故意说："你经常欺负我，我才不帮你呢！"

他看到我认真的样子，带着乞求的口气说："求你了，只要能帮我，什么条件都答应你。"

"你说的是真的？"

"是真的！"

我看时机成熟了，就对他说："看来这次你是认真的，那我就答应你。不过，你必须答应我的条件。"

"好！"

"第一，不能欺负同学，当然也包括我；第二，不能再练'弹指功'，更不能伤害同学；第三，要认真听讲，不能影响别人；第四，你是男子汉，凡事要让着女孩儿……只要你按照我说的做，一定会在考试中取得三个'A'的成绩。"

"我全答应你，放心吧！"

一个去西藏旅游的承诺，竟然给了他这么大的动力，也许从此他真的会有所改变。

之后的几天里，他像变了一个人似的，上课认真听讲，不再欺负同学，按时完成作业。老师也表扬了他，还号召同学们向他学习。考试结束了，他高兴地对我说："新学期，我希望还做你的同桌。"

第二天下午，是学生返校的时间，也是公布成绩的时间。功夫不负有心人。当他拿到试卷时，高兴地握着我的手说："谢谢你！我成功了！"

我看到了他的成绩都是"A"。更令人高兴的是，他还被评为"进步小明星"哩！

放假了，无论他爸爸是否兑现这个承诺，但是，他——我的同桌已经做到了他承诺的事。一个承诺真的改变了他！希望他能梦想成真。

我的喜怒哀乐

王馨怡

125

喜悦是红色的，愤怒是黑色的，哀伤是蓝色的，快乐是金色的。这四种颜色交织在一起，构成了我的喜怒哀乐，构成了我缤纷暑假的一个别具情趣的侧面。

先说喜悦。这个夏天，我的朋友妮妮来到我家做客。正是高温天气。在夏日里享受水的清凉真是一件惬意的事。于是，妈妈带我们来到泳池。自己去看书。换上泳装，望着波光粼粼的水池，一股水的气息扑面而来，我不由得深呼吸。我愣过神，从梯子上下去。"水真冷啊。"我不禁打了个哆嗦。闲着无聊，我提议两个人比试游泳速度。"3——2——哎，你耍赖。"妮妮已经游了出去，我也顾不得发牢骚，赶紧跟上。顾不上姿态优美了，赢就行。我一会儿蛙泳，一会儿自由泳，总算是追上了。谁知，这时妮妮用力一蹬，又超过了我，我一看她要赢了，用上了全身的力量，拼命地游。总算，超过了她，手脚也有些酸，但一抬头，终点就在眼前。有了动力，速度自然加快，胜券在握。果然，我赢得了比赛。

接着，再说愤怒。我们俩正在玩游戏。突然间，一波水花毫无征兆地落在妮妮脸上，妮妮毫无准备，呛了几口水。朋友有难，我把脸转向左边，一个男孩儿正无所谓地撇着嘴，我一看这表情，简直火冒三丈，我当时就向他泼水，奋起反击。他一副不相信的样子，愣过神，两面开弓。于是，一场世纪水战拉开帷幕。我用手挡住水花，戴上泳镜，开始反击。我满腔愤怒，疯狂地向外泼水，妮妮也像我一样。一时间，这一片水花四溅。他一看已落下风便改变战术，用拳头击打水面，缓慢行走，这样没法阻拦。我在原地，让妮妮绕到他背后攻击，他一看求胜无望，骂了一声，说："哼，你们等着。"灰溜溜地走了，走之前还不忘逞嘴舌之快。那个人走之后，我还有些愤怒，和妮妮说了那个人好多坏话才平息。

再写游泳时的悲。刚骂完人就遇到了倒霉事。我游泳转方向时，无名指被划分泳道的隔离带刮伤，还好只是破了点儿皮，虽然没流血，但是挺疼的。我坐在岸边休息，只能看着他们玩，我的心里是多么哀伤啊！

但是不管怎么样，我还是很快乐的。因为有我最要好的朋友妮妮陪我坐在游泳池边看别人游泳，我心中特别开心。在这一短暂而永恒的时间里，我们一边注视游泳池里你追我赶的活动，一边和自己最要好的朋友聊天，心里可快乐啦。

在这游泳池里，有喜，有怒，有哀，有乐，这四种不同的情感，构成了我游泳池里乃至整个暑假生活的一道亮丽风景线。

一路陪伴，一路香

杨韦娜

牵着你的手，让我和你一起走。

——题记

"十一"假期，我窝在家里看了几天书，心里烦闷得很。看到妈妈也有时间，就央求她和自己去爬山。

我和妈妈一路颠簸，终于来到山脚下。山很美，向上看，好像笼罩着一层轻纱。但我急于登顶，想体验一下"会当凌绝顶，一览众山小"的感觉，而不是让它凌驾于我之上。我不管不顾起来，一股脑儿往上冲。妈妈被我落在身后，自己心里虽泛过一丝愧疚，但仍任性地向前冲。

山很陡峭，不好爬。我前面出现了一对年轻的母子。孩子两三岁，看起来很调皮。手里拿着充满香气的山花，手脚并用向上爬。有几次差点儿摔倒了，都是他妈妈在他的身后扶了他一把。他妈妈虽然嘴上骂着自己的孩子，满脸却写着心疼，恨不得摔倒的是自己。有妈妈的陪伴，真好！看着天真的孩子和满是爱意的妈妈，我想起了自己的妈妈，在我蹒跚学步时，她也曾无数次扶起我吧。我犹豫了一会儿，停下来，往下面看看，人山人海，没有看到妈妈的身影。

今年春天我很担忧

再往上走，瀑布飞溅，伸手去触摸那如丝绸般顺滑的涧水，一股清香沁人心脾。我并没有因此而高兴，内心却升起淡淡的惆怅。就要登顶了，眼前又出现了一对母子。不过，是老母子。母亲看起来七十多岁了，儿子也有四十多岁了。他扶着母亲，小心地一步一步往上爬。母亲爬得很慢，儿子耐心地呵护着，没有一点儿不耐烦的样子。老母亲似乎觉得拖累了儿子，摆摆手，让儿子向上爬。儿子没有自己爬，而是紧紧握着母亲的手。有儿子的陪伴，真好！看到这一幕，我内心一颤。我没有再往上爬，而是下山，寻找自己的妈妈。

在半山腰，看到了妈妈。她正大口喘着粗气，满脸憋得通红，看来是不能再爬了。我赶紧过去，扶妈妈坐下。妈妈问我："登顶了吗？"我撒了个善意的谎言，说："登顶了。""好！我爬不动了，回吧。"我扶起妈妈，托着她的胳膊，慢慢地下山。山风吹来，带着缕缕清香。一路上和妈妈说说笑笑的，我心里充满了惬意。

一路陪伴，一路香。山顶风景再美，若没有爱的陪伴，也终究只是风景。

128

我的小表叔

李成卓

看了题目，你肯定会想：表叔，那他肯定二三十岁了吧！但我写的可是我的"小表叔"哦！为什么是小表叔呢？因为他辈分比我高，年龄和我不相上下。看到这里，你一定对我这个小表叔充满了好奇吧。下面，我就带你认识认识他吧！

　　我的小表叔小名叫小苹果，长着一张苹果脸，一激动脸就变得红彤彤的。他说起话来，一双小小的眼睛总是忽闪忽闪的，怪有生气的。他不仅是我的长辈，还是我的好伙伴。我回老家时，经常和他一起玩。

　　小苹果在老家生活，身体很结实。我跟他在一起时，他经常提出要和我去比赛跑步，而我每次都找理由搪塞。我想：在这方面我哪能和他比呢？到时不挨他一顿嘲笑才怪呢！这时，他就会像大人一样批评我："怪不得你身体这么瘦小，就是因为你不爱运动。你得多学学我，养成爱运动的好习惯。"

　　除了这些，他身上还有许多值得我学习的优秀品质，最突出的是令我叹服的诚实。

　　有一次，我们俩一起打乒乓球，玩得不亦乐乎。我们连着打了十几个回合，一直不分输赢。我十分着急，心想：下个球一定要决出胜负，于是来了一个抽球。可我用力太猛，球不但没有落到桌子上，反而飞出去打破了一户人家的玻璃。我们面面相觑。这家里有一个很凶的老爷爷。我对小苹果说："那个球我们不要了吧！"小表叔仿佛突然间变成了大人，用教训的口吻说："不，玻璃是我们打碎的，我们得负责任！"说完，他不顾我的阻拦，跑到那户人家门前，勇敢地敲起了门。不一会儿，那个很凶的老爷爷出来了。我心里凉了半截：完了，小表叔肯定会被骂的。不等老爷爷开口，小表叔先承认错误，又向老爷爷道了歉。然而，老爷爷绷紧的脸松开了，他微笑着点了点头，不但没有批评小苹果，还把球还给了我们。

　　尽管我们是叔侄关系，可小表叔一点儿都不摆长辈架子。有时，我们吵架了，我总会说："叔叔还这么心胸狭窄！"我们每次出去玩，他妈妈总会叮嘱他："你做长辈的一定要保护后辈。"

　　有个小长辈，我觉得很好玩，也很有趣。不过，爸爸告诉我，小长辈这种现象在家大口阔时代经常出现，以后会越来越少见。所以，我一定要珍惜这种亲情。

家有两枚"捣蛋"

宋雨姗

我和老弟可是家中的两枚超级"捣蛋"。没乱，我们来捣乱；有乱，我们来添乱！有我们在的地方，绝对是麻烦不断！

姥姥家和小姨家离得很近。中午在姥姥家吃完中饭，我和弟弟就要被小姨带回她家写作业了。我和弟弟走到屋外，小姨才走出客厅。我和弟弟一看时机成熟，便开始实施早已预谋好的计划。

我俩小身板灵活一闪，便出了家门。我赶紧把门把一拉！"嘭——"门关上了，我和弟弟在门外，扎着马步，身体往后倾，用力拉住门把，似乎为"保卫家园"宁死不屈。小姨在门内，怎么也打不开门，冲姥姥喊："妈，你家门坏了吗？打不开呀！"我俩一听，相视一笑，哈！大功告成！我的食指勾了勾，弟弟心领神会，我俩飞速撤离"案发现场"。想必小姨听见了我们"匆匆"的脚步声，眉一横，有些气急败坏："两个捣蛋鬼！看我怎么收拾你们！"谁要是听到这一句吼，肯定会觉得"河东狮吼"已经算不了什么了。

我和弟弟跑到小姨家门口好半天了，想等小姨来了，给她一份"大惊喜"！可等了大半天，小姨的身影愣是迟迟没有出现，好无聊！门也进不了，"惊喜"也送不出去！弟弟用手托住脑袋，浑身散发着"无精打采"，那幽怨的小眼神，分分钟能把人给"秒杀"了，只听不住地抱怨着："小姨怎么还不来呀？慢吞吞的！"弟弟对着空气一阵拳打脚踢，就在最后的完结动作上，忽听"刺啦"一声，我眼睛一瞪，完了！小姨家门上贴的"福"字——烂了！不行，这里也不安全，赶紧脚踩香蕉皮——溜回姥姥家吧。

姥姥家门口怎么有一个陌生人？弓着腰，歪着头，身边一包工具。走近一看，他正拿着钳子、起子——原来小姨的话灵验了，姥姥家的门，真的坏了！唉，这乱捣的，代价有点儿大了。

"快乐家族"的快乐春晚

王加冕

131

"快乐家族"？说的是"快乐大本营"的主持人吗？不，我今天要介绍的是我自己的"快乐家族"。我们这个家族一共有三十多口人，最年长的八十七岁，最年幼的刚出生一个多月。去年春节前，为了庆祝阿太大病痊愈，和欢迎家族中三个新家庭的建立，我们这个大家庭举行了一场别开生面的家族春晚。

这场晚会的发起人是表姨，老妈作为她的最强拍档，两人早在春节前一个月就悄悄地通过QQ和电话"密谋"。她们拉人头、拉节目、拉赞助，十分敬业。这不，摄影高手小安舅舅被她们拉来作为晚会的御用摄像师，"女高音"小霞姐姐也被她们请来为晚会献唱，连我和小表妹也在她们的演员名单之列。你说这怎能不令人期待呢？

晚会准时开场。一段激情昂扬的主持词后，阿太被请出来给大家说几句。只见阿太满面春风，清了清嗓子，煞有介事地开了口："感谢共产党，感谢政府，让我这么大年纪还能享福……"底下的人全都笑出了声。

好戏开演了。我和表妹合作的风靡一时的骑马舞赢得了大家的掌声，家族的"小歌唱家"小霞姐姐的动人歌喉叫人陶醉，我的魔术表演"必杀技"更是得到了满堂喝彩。表演结束后是游戏环节，在众多游戏中，"踩气球"颇受年轻人的青睐，"宁波老话有奖竞猜"节目把现场气氛推向了高潮，而最受长辈们欢迎的莫过于"夫妻版你来比画我来猜"这个游戏了。大外公和大外婆一上场就来了个"开门红"。第一个词语是"冰箱"。只见大外婆灵机一动，说："剩下的饭菜放哪里？"大外公脱口而出："冰箱！"第二个词，大外婆比画道："洗衣服用什么？""洗衣机！"可惜，他们犯规了——因为不能说出词语中所含的字。就这样，一对对夫妻"你方唱罢我登场"，在短短几分钟内很多奖品就被他们纳入怀中。

晚会在三对新人领唱的《相亲相爱的一家人》的歌声中圆满结束。"新晋导演"表姨和老妈被众人强烈要求再搞第二届、第三届……这不，最近家族QQ群上又热闹了起来，不知道今年的家族春晚又会有什么新花样。

一个永挂嘴角的微笑

　　我拿着扫帚出去与那被风吹得到处乱飞的树叶打交道，刚一出门，微风拂过，在树上坚持许久的那片叶子也随风飘落了下来，我的手不由自主地缩到袖子里面。

买书把自己弄丢了

张天赐

是谁看书看得一丝不苟？是谁看书忘了时间？让妈妈着急得就差登寻人启事了，这个人就是我！

四年级期末考试，我语文考了满分，奶奶奖励我五十元钱，让我买几本好书。

下午，妈妈带我来到书店，我迫不及待地寻找心里已经快想烂的那本书。妈妈知道我进了书店是不会轻易离开的，就去隔壁超市买东西，买完回来接我。妈妈走后，我东翻翻西找找，书店阿姨告诉我，我要的书卖完了。这一消息犹如晴天霹雳，在我心口上重重一击。我想了想，自言自语："不行，我一定要买到手。"于是我便向另一家书店跑去。进去后我快速地寻找，很快我眼前一亮，找到了！我长出了一口气。趁妈妈还没有来先看一会儿吧！我毫不犹豫地拿起它，窝在一个角落里，有滋有味地读了起来。此时我还不知道，几百米外的妈妈正在火急火燎地找我。

不知不觉已经很晚了，书店的阿姨亲切地说："小朋友，天已经黑了，你还不回家吗？"我抬起头，才发现书店里只剩下我一个人了，我急忙把钱递给阿姨，拿着书兴奋地走了。路上，突然发现妈妈着急忙慌的身影，我百思不得其解地问妈妈："您怎么了？"妈妈看见我一把抱住我："儿子，你去哪儿了？让我到处找你。"我听出来妈妈有点儿生气，"我去另一家书店了……"我说着把买到手的书炫耀给妈妈看。

唉！这次买书竟差点儿把自己给弄丢了，真是让我哭笑不得。

神奇的薄荷味

梁君媛

不久前，我们班的小A同学吃了堆积如山的薄荷味糖果，导致他流出的汗、呼出的气都是薄荷味的。他走到哪里，哪里便会成为全世界薄荷气味最浓郁的地方。

这天上课的时候，也许是因为天气太热，大家都昏昏欲睡，连最积极上进的班长都趴在了桌子上。

见大家这么无组织无纪律，班主任有点儿无奈。突然，她看见了全班唯一一个神采奕奕的学生——坐在最后一排的小A。对了！小A不是浑身散发出薄荷味吗？薄荷味不是最提神的吗？老师立刻让小A站起来，在全班巡视了一圈。一闻到小A身上那股提神醒脑的薄荷味，同学们立马精神抖擞、生龙活虎，如同打了"鸡血"。这薄荷味的效力如此之强，估计同学们晚上连觉也睡不着了吧？

自从班主任发现小A身上的薄荷味有如此奇效之后，小A便出名了：全校开大会的时候，校长安排小A在会场中散步，于是全校同学都精神抖擞，再也不会出现从前那种"睡倒一片"的情况；开运动会的时候，小A出现在哪里，哪里的运动员就特别清醒和兴奋，比赛的成绩也特别好——哎，不知道这算不算新型的"兴奋剂"呀？

临近放暑假，天气炎热，大家都热得满头大汗，尤其是准备高考的考生，他们一边擦汗一边复习，根本没办法静下心来答题。教育部部长也听说了小A的大名，他灵机一动，用专机送小A升空。小A离太阳近一点儿，气温就下降一点儿，终于，在高考那两天，气温变得凉爽舒适，空气还是薄荷味的，别提多提神醒脑了！所有的考生立马精神抖擞、心旷神怡，考出了史上最好的成绩。

这，都得感谢我们班的无名英雄小A呀！

一 张 合 影

时迎彩

在我家的抽屉里有一张照片，那是奶奶临终前跟我一起合照的。

以前奶奶身体健康的时候，家里的活几乎全是她干。她每天都起早贪黑，把家里收拾得井然有序。奶奶除干活之外，还特别关心我的学习。

记得有几次我的作业忘家里了，奶奶步行走几里路去学校给我送作业。其中有一次，我记忆犹新。到了学校我才发现作业又忘家里了，这可咋办？当时可把我急坏了。因为老师马上要检查作业，可是奶奶今天发烧，她不可能再来给我送作业。正当我急得如热锅上的蚂蚁，一个熟悉的身影出现在我的面前——奶奶。奶奶慈祥的面容出现在教室门口，不停抖动的手攥住我期盼的作业本，及时地送到我的手里，微笑着说："小小年纪，咋恁肯忘事耶？"说完奶奶就又离开了我。我踮起脚尖，透过窗玻璃，望着奶奶远去的背影，心里五味杂陈。

奶奶不仅关心我的学习，还很疼我。我每次放学奶奶接我时，她都会拿一样好吃的东西塞给我。有一次，学校开会放学晚了些，奶奶骑着三轮车一直守候在学校门口外。等奶奶拉着我回到家，爸爸顿时火冒三丈责怪我说："这么晚才回来？是不是被老师扣下了……"我吓得哭了起来。"好了，好了，你就不要再吵娃了，以后早点儿回来就是了。"奶奶在一旁赶紧打圆场。然后我就跟在奶奶身后进了她的房屋。

然而，我跟奶奶在一起的美好时光总是那么的短暂。奶奶患上了重病，从那以后，我一放学就往家跑，抓紧时间多陪会儿奶奶。眼睁睁地看着奶奶一天天消瘦，我们全家人心里都不好受。全家人都不希望到来的"日子"终究还是来了。

奶奶的病一天天的恶化。为了永远记得奶奶的模样，我坐在奶奶的床边和她合照了一张相。两天之后，奶奶就悄无声息地永远离开了我们。

奶奶走了，永远地走了。

我思念奶奶：奶奶，你在那里过得还好吗？

很多个晚上，我都是搂着我和奶奶的合影渐入梦乡的……

奶奶，我想你！

我最欣赏"疯子"

丁　颖

开学了，学校为实施均衡教育，重新分班了。我竟然不由自主地留念起那个叫我"呆子"的"疯子"，因为我特别欣赏她。

我喜欢助人为乐，不求回报，加上我没她聪明，所以，她叫我"呆子"。

至于我为什么要叫她"疯子"，和她自身有太大的关系。

她是一位文学爱好者，对诗和小说爱到极致。她有一本小本子放在身上，每逢有感慨，她都会立刻记下来。有时她值日，洗碗时，看着水呆呆凝望，忽然间灵感一现，她会不顾手中的碗，不顾自己的脏手，用沾满油渍的手在衣服上找来找去，找她那宝贝如命的小本子。她说她怕灵感在找到小本子的前一秒溜走。对于这种疯狂，我是欣赏的。

前段时间，有女生带小说到班上来看，好奇的她也借来看，刚看完一页，她就爱不释手。从此，她迷恋上小说（科幻神话小说），每到下课时间，她都会激情澎湃地问我："呆子，你想当什么角色，我帮你在小说里写，以后我的小说发表了，你和我就都出名了。"现在看来，这个想法似乎有些天真，但那时的我们却深信不疑。每次下课，我都和她讨论关于小说的那些事。例如：我的武器是火龙镖，绝杀是草船借箭（把敌人扎成"火刺猬"）。她的武器是一支巨大的毛笔，绝杀是写诗（在写字时，带动内功，借笔在空气中的阻力打败对手）。她的这种想象力也是我所欣赏的。

这个学期结束时，她的小说也写好了，我们高兴极了。拿着各自的零花钱去打印了这本读写笔记。五十六元，我们俩用半年省下来的零花钱换来了一本写着密密麻麻小字的小说。我们认为一切都是值得的。学期结束了，也到了我俩分别之际，我要求保留原稿。分离一刻，她用圆珠笔在手上画满蓝色，在本子后印下了自己的指纹。那一刻，她是多么庄重。我欣赏她对文学的尊敬。

和大多数聪明的人一样，她也很喜欢数学。班上的许多人有不会的题目就去找她，她有一本大错题集，写满了她整理的所有错题。错题集是那么美观、整洁。做完题目，她总会检查两遍以确保答案的准确性。这种严谨的作风是我欣赏的。但毕竟她还是个学生，不可能每道题目都会，一遇到不会的题目，她就会跑到老师办公室去请教老师。尽管老师的办公室和我们的教室不在同一栋大楼里。有时老师不在，她就等下课就去老师办公室找老师，直到她把这道题目完全听懂为止。她这种求学精神，是许多人望尘莫及的，是我最欣赏的。

这就是"疯子"。一个名副其实的"疯子"。我欣赏她的小诗，她的小说，以及她对数学的痴迷，但毕竟有些事情是无法用平凡的语言描绘出来的。总之，我很欣赏这个"疯子"。

家有"手机狗"

高若希

看到这个题目你肯定会想，手机狗？是什么东西？是有手机功能的狗吗？哈哈！你错了，手机狗指的是整天拿着手机被手机牵着鼻子走的人。我的妈妈就是一只名副其实的"手机狗"。

镜 头 一

"丁零零——"起床闹钟响起，妈妈懒洋洋地翻了个身，眼睛都没有睁开，就伸出手下意识地去摸放在床头的手机。她的手一触碰到手机，立马就像注入了一针强心剂，一屁股坐起来，打开QQ发表一条"说说"：新的一天开始了！有的时候，遇到妈妈心情好，她还会随手拍一张自己的靓照，一并发到QQ里呢！这个既定的序曲过后，妈妈才会正式起床、刷牙、洗脸，然后去做饭。

镜 头 二

妈妈做的早饭一般是老三样：面包、鸡蛋、牛奶。偶尔变个花样，比如：烙黄金饼、拌蔬菜色拉、自制汉堡包……一做完，她就会拿着手机"啪啪啪"拍照，然后又忙不迭地发表在自己的QQ空间里，或发在微信朋友圈里，叫大家评论一下她的手艺。一看到好友们发来的"赞"，妈妈的脸就会笑成一朵花。那样子比自己吃了法国大餐还高兴！

镜 头 三

一天，妈妈出门忘带手机了，我故意把妈妈的手机藏了起来。刚藏好，就听见楼下传来"通通通"的上楼声。妈妈风风火火地从楼下跑了上来，一进门就像一只土拨鼠似的，把家里翻了个底朝天，妈妈的眉毛拧成了个疙瘩，嘴里还不停地嘟囔着："手机呢？手机呢？我的手机呢？"看着妈妈狼狈的样子，我忍不住笑出了声。妈妈怒发冲冠，厉声说："你这个小坏蛋，把我的手机藏哪儿去了？快给我拿出来！""就在你昨天穿的衣服里！"我战战兢兢地说。妈妈风一样冲过去，如愿以偿地拿到了手机，激动得好像恨不得抱着手机亲一口呢！

141

唉！看来，在妈妈的心中，第一的位置永远留给她亲爱的手机了，我只能屈居第二了！

哎呀，我不能在这里和你们说话了，你看前面那个人，一边走路一边专心致志摆弄着手机，眼看就要撞到电线杆了，那好像是我的妈妈，救妈妈要紧，走啰！

弦在心上，与你分享

钟镇昱

星期四晚上，我和妈妈兴致勃勃地来到采茶戏剧院，我们要观看全国著名二胡演奏家胡大春、王亮生、邓建栋等举行的"情系安远·弦在心上"二胡音乐会。第一次聆听这种高端、大气、上档次的音乐会，我整个人激动得"不要不要"的！

领了节目单，我们便迫不及待地进了大厅。坐在座位上，我四下张望：左、右上角的小屏幕正在播放广告，前面是舞台，四面八方全是观众，好不热闹！台上摆着许多椅子，最前面是一个指挥台。哇，边上有四把大提琴哟！我从来都没有见过大提琴，大提琴比我的小提琴大好几倍呢！我还发现，所有的椅子都对着指挥台。

我看了一下节目单，里面有三位大师的名字和他们的简介。哇，胡大春、王亮生还是我们赣南人呢！想到马上就能享受三位大师带来的视听盛宴了，我的小心脏"怦怦"直跳！

终于，全部演员都上场了。他们面带微笑，眼神中满含深情。再看看他们面前的乐器，有梆笛、高笙、低笙、中笙、唢呐、高胡、二胡……让我眼花缭乱。

指挥王爱康上场了。他非常绅士地向台下鞠躬，台下顿时响起了一片掌声。王指挥轻轻转身，背对我们。他优雅地抬起双手，在空中定格。此时，台上的演员、台下的观众，几千双眼睛都看着他，大家都屏住呼吸，生怕自己会一不小心发出声响，打破这美妙的意境。突然，王指挥的双手用力一甩，整个乐团立刻动了起来。舞台上拉的拉，弹的弹，吹的吹，打的打，一首《春节序曲》，把我们带入了举国欢庆的情景中。台上的演员可投入了，特别是三位大师，他们微闭双眼，满含笑容，全身随着音乐的节奏舞动着。这欢快而又热烈的乐曲直击我们的心灵，曲终时，大厅里响起了热烈的掌声。

随后，精彩的曲目陆续上演。《吴歌》婉转灵动的音符给我美的享受，《葡萄熟了》把我带入维吾尔族载歌载舞庆贺丰收的情景中，《二泉映月》让我感受到瞎子阿炳的悲伤……观众安静极了，有的专心地看着台上，有的靠在椅子上闭眼享受，有的已被音乐催眠，有的小声哼唱，有些老年人已老泪纵横了……

最后，音乐会在激奋昂扬、节奏铿锵的曲目《战马奔腾》中落下帷幕。当会场灯光亮起时，我还沉浸在音乐中。我的内心被音乐洗涤着，我觉得任何美景与音乐相比，都显得苍白无力。我回味着二胡那醇厚圆润的音色，第一次感受到那弦其实是——心上之弦。

一个永挂嘴角的微笑

王贵一

开心时，你在笑；失落时，你在笑；被老师训时，你依旧在笑，微笑仿佛永挂在你的嘴角。

那天，微风，微凉。

我遇见的最后一片挂在树枝上的叶子，仿佛在暗示我，冬天的脚步已经在此驻足了。我拿着扫帚出去与那被风吹得到处乱飞的树叶打交道，刚一出门，微风拂过，在树上坚持许久的那片叶子也随风飘落了下来，我的手不由自主地缩到袖子里面。陪同我一起值日的你，望了望我，然后微笑地将热水袋递给我，此时，我的手虽然冷但心好温暖，我感动地对你说："谢谢，不用了，你用吧，你也这么冷。"你还是笑了笑说要给我，被我婉言拒绝了。值日时，娇小的你拿着扫帚仿佛很沉重，但你依旧在笑，你会为一个小动作而笑，会为一句不经意的话而笑。空旷的操场，灰蒙蒙的天，微风拂过，再也感受不到丝毫的凉意，繁忙的清晨都沉浸在你的微笑之中，好温暖。

那时，那个助人微笑让我感到温暖。

那天，微风，微凉。

灰蒙蒙的天仍没有晴朗起来，忙碌的早晨才刚刚开始，突然我们的校长就"视察"到我们班了。不幸的是你被老师训了，你的作业被别人拿去抄了，结果受到了惩罚，体会到你的处境，我便想前去安慰你，我轻声地问："你没事吧？"你却含着泪水冲我微笑了一下说："没事！"看得出来那个微笑很勉强，但你依旧将微笑挂在嘴角。

那时，我记住了那个乐观的微笑。

那天，微风，微凉。

我第一次在办公室和语文老师"共进午餐"（没完成作业被罚），很长时间都在那里蹲着背书，你过来微笑地对我说："我给你买什么饭？"我说："不用。"就这样你走开了，望着你离去的背影，我只能孤独寂寞地独享自酿的苦酒。幸好语文老师"心太软"，很快就放我回去了，但因过了饭时，一路上我都为中午吃不吃饭纠结，到了班里突然发现自己的课桌上有一包好吃的，竟一下子有了食欲，不禁问你："是你买的？"你微笑地回答道："嗯，也不知道你喜不喜欢，将就吃吧！"顿时，一切沉浸在你那温馨的微笑里。

独享你那温暖、淡定、善良的微笑，独赏你那永挂嘴角的微笑。

酒桌上的"礼仪"？

王　章

　　这天晚上，爸爸的同事请包括爸爸在内的单位所有工作人员吃酒席。爸爸问我愿不愿意一起去吃。我一听有免费的"大餐"，自然是"吃"不容辞，欣然应允了。

　　我们乘车赶到"大地酒餐"，来到了爸爸同事预订的包厢。已经有不少同事来了，大家坐在沙发上，东拉西扯，聊得海阔天空，笑声此起彼伏。爸爸也加入了聊天的行列，而我则在一边玩，心里想着什么时候开饭。

　　终于开席了，我高兴极了，因为我那直唱"空城计"的肠胃可以"休息"一下"沙哑"的"嗓音"，吃点儿"润喉片"了。菜很快就上来了——是铁板牛肉！我垂涎三尺，真想将其一扫而空。见我那馋样儿，一位叔叔风趣地说："来，让我们的小朋友先吃！"我不好意思地笑了笑，正要动手，忽然发现爸爸正朝我瞪眼。顿时，我就像一只气球充好气刚要飞，却又被大头针戳破，"哧"的一下泄了气，没了劲儿，我刚才壮起来的胆气立即消失得无影无踪，手也像触了电似的缩了回来。我不自然地说："唔……叔叔……你……你们先吃吧……"叔叔们见我这副模样，大笑起来，便动起了筷子，边吃边谈

一个永挂嘴角的微笑

笑起来。只有我没有动筷子，只觉得心被钢针扎了似的疼，过了好久才反应过来，木木地吃起东西来。

吃了饭以后，大家聊了起来，一位叔叔叫服务员拿了几箱啤酒来。他打开箱盖，拿出啤酒，给每个人都斟上一杯。我想不到爸爸也斟了，因为爸爸平时很少喝酒。可转念一想：在酒桌上不喝点儿酒呢肯定不好，估计爸爸会少喝一点儿吧！可没想到，爸爸却一杯又一杯地接受同事的敬酒，喝了一杯又一杯啤酒，还做出容光焕发的样子和大家说笑。我知道爸爸的酒量不大，看他全身红彤彤的，可不能再喝了。于是，我悄声对爸爸说："您如果吃不消就别喝了！爸爸，喝这么多酒会伤身体的！"哪知爸爸狠狠地瞪了我一眼，吓得我不敢再说下去了，然后他又和同事们干杯。我呆若木鸡地坐在一边，不知道为什么爸爸明明不能喝了还要继续喝……

过了良久，酒宴散了，爸爸醉醺醺地带着我打的回家。一进家门，爸爸就直喊头晕，倒头就睡，还吐了一地。妈妈连忙拿毛巾给他擦脸，拿解酒的黄瓜给他吃，清理呕吐在地上的污秽物。等她忙完，我把今天的赴宴经历和她说了，问道："妈妈，为什么爸爸不让我吃东西，而且明明不会喝酒却喝了那么多？"

妈妈笑道："傻孩子，宴席上晚辈对长辈要谦恭拘束一点儿，等长辈动筷子了，晚辈才能吃东西。另外，在酒席上拒绝别人的敬酒不大好，所以你爸爸才喝了那么多。这都是酒桌上的礼仪呀！"

听了这些话，我一怔，这……这就是"礼仪"？为了这礼仪失去了"自由"，为了这礼仪伤了身体……这怎么能算得上礼仪？我陷入了深深的困惑之中……

酒桌上的"礼仪"，真的十全十美吗？

艰难的分享

杨雨涵

周日上午，我在比赛中有缘结识的黄老师突然打来电话，邀请我明天到现场聆听有"嫦娥之父"美誉的欧阳自远院士的讲座。他说，这次讲座是专门为青少年开设的，我还可以多带几个小朋友参加。这个好消息可把我激动坏了，我竟然有机会聆听中科院院士的讲话，这是多好的机会！就算听不太懂，能一睹院士的风采也是无比幸运啊！

"把这个好消息分享到班级微信群里，这样大家就都能看到了。"我刚说出这个想法，爸爸就说："这样似乎不太好，咱们未征得班主任老师的同意就在群里发消息，好像不太尊重老师。"我一想，确实是这么回事，因为老师说过，不要在群里乱发消息。

"要不，建一个专门的小群，想告诉谁就把谁拉进来，在群里说一句，大家就都知道了。"我说。

"不好吧，这样朋友们可就感受不到你对他们的特别情义了，这个机会看起来也没那么珍贵了。"妈妈若有所思地说。

"看来，我只能当一回'人肉分享机'了！"我边说边拿起手机。

打开微信，看着通讯录里的众多好友，我不禁犯了难：到底要分享给谁呢？对了，先分享给赵依然吧，她可是我的好闺密啊，有好事怎能忘了她？虽然她不太爱学习，最近还迷上了微商，但我还是希望她能给我做个伴。想到这儿，我用一串语音把这个好消息分享给了赵依然。果然是好闺密，给面子啊——她秒回了我一条："什么鬼？""一个关于外星人的讲座……"我耐心地解释。我满心希望地以为她被吸引住了，谁知，她一条有些不耐烦的语音砸过来，立马砸碎了我的幻想："不感兴趣，懒得去。对了，上次给你看的笔袋到底要不要？不要我就给别人了……"

我无趣地退出了聊天界面，寻觅下一个分享目标。

嗯，分享给我的"上级领导"——大队长董佳佳吧，我得和她搞好关系，万一她喜欢，以后说不定还会给我分配几桩美差呢！想到这儿，我激动地发出了一条热情的语音，可等了好一会儿也不见回音。

也许她不在线，没有看到，那就再看看其他人。

对了，应该分享给彭非，她可是大名鼎鼎的彭老师家的孩子。虽然她比我低一个年级，但谁都看得出大队辅导员对她的器重。即使这个好消息她不一定感兴趣，但至少可以表达我对她的"尊敬"。于是，两条绿色的信息带着我的好意飞上了屏幕。可惜，石沉大海！

哎，她们怎么都不积极啊？啊！我想起来了，找超级学霸吴桐啊！他平时可是不放过任何一个学习的机会，如果把这个机会给他，他肯定会"狠狠"地珍惜和感谢我的！我仿佛打了鸡血一样把消息发给了他。到底是学霸，吴桐没有辜负我的期望，立即回复愿意参加，还对我说了"谢谢"。

第二天出发前，我仍然盼望还能有人和我一同参加。我急切地刷着微信，一个带红点儿的头像蹦了出来，是董佳佳发来了一串语音。我急忙放在耳边细听："Sorry，昨天上午我出去上课了，晚上回来得特别晚，没有看到信息，所以没有及时回，抱歉。晚上同学约我去她家，没时间听讲座了。"

董佳佳柔美的绵羊音成功地让我的心软成了棉花。

现场聆听讲座时，我和吴桐时而深思，时而大笑，尽情享受着院士烹制的科学盛宴。与朋友分享的过程虽然有点儿艰难，但分享的结果还不错啊！

人生需要好习惯

陈宝霖

我常常会想起老师常说的一句话："学坏习惯容易，养好习惯难，自己若不给自己定一条规则，那么就很容易走弯路。"到了六年级以后，我越发感受到这句话的重要性。

那天上数学课，老师讲完课之后，见还没有下课，便让我们拿出正本做题。我从抽屉里拿出本子，哗哗翻了几下，突然发现我要做的那一页后面印的那张稿纸格子不翼而飞了，因为发下来的作业本上面都没有印刷和稿纸一样的那种线，所以每逢做正本的时候下面都要印一张稿纸，防范写字时不整齐。可现在稿纸不见了，我也懒得再去找一张，便将就着写了。

可写完之后我一看，上面的字体弯弯扭扭，有的挤在一起，而有的却相隔甚远，整张字体都不堪忍睹，心中叫苦："天啊，我不就是在下面没衬稿纸吗，怎么就这么难看！"我立即撕了，重新在下面又衬了一张稿纸，一笔一画按照稿纸的线路走，写出来果然整齐极了。

事后，我回想，如果我们不能给自己的心中定一条规则，就像在夜路中行走，一路摸索，到头来自己的人生轨迹弯弯扭扭，像我没有给正本下面印稿纸一样，终究以失败收场。可自己心里有明确的目标，一步一步按照自己的目标走，当我们回头一看，会惊喜地发现，自己的人生道路是多么笔直美丽。

人生需要坚持好的习惯，才能到达我们要到的地方。

以前，我的日记往往只写半页多一点儿，便认为足够了！有一天，我无意中翻起黄怡越的日记本，上面密密麻麻，字迹不算很好，但工整整齐。更重要的是她的每一篇日记都占了满满的一页，文笔流畅，一丝不苟。那一刻，我好惭愧，为自己的自满而羞耻。别人都可以很好地完成，那我又有什么理由不把自己所能做到的事情做得更仔细、更精致、更加一丝不苟呢？日记的长短看出每个人的态度。现在，我已经尽力将每篇日记的字数写得更多，字迹尽可能更美，内容尽可能丰富了。我要改变着自己的风格、规则。努力吸收他人的优点。人外有人、天外有天。我只有不断超越自己、改变自己，我的奋斗之路才可能走得更远。不断地完善自己、听取他人的意见，从别人那里改善自己，这才是我要的。

奥斯特洛夫斯基说过："人的一生，不能不燃烧便腐朽，我要燃烧，我不会腐朽！"是啊，我要成为一团火焰，又怎么能让自己腐朽。

种植阳光

陈克松

在老家，每家每户都有一个不大不小的院子。在这个院子里，我享受到了伙伴们对我心灵启迪的阳光，让我开心、让我激动、让我幸福地成长。

今年暑假，在老家避暑时我充分享受到了伙伴们对我的心灵启迪。在老家，我每天写作业，下午去上补习班，周末便去和朋友一起玩。但是今天，我下午回家时发现院门口两旁种的几个向日葵被戴上了宽大的墨镜。当时，我见了就气不打一处来。向日葵不就是需要充分的阳光才能茁壮成长吗？谁会不分黑白地给向日葵戴上墨镜阻止它享受着阳光的呵护呢？我便立即把那几副墨镜摘了下来，仔细一看，那宽大的黑墨镜竟然是纸糊的。应该是小孩的恶作剧吧。

第二天，我回家时，看见向日葵上又有几副墨镜。第三天，第四天……接连几天都是这样。

"这肯定是谁家小孩儿的恶作剧，等我发现了一定要训斥他一顿。"我生气地说着。碰巧今天是个周末，我不用去上补习班，正好可以抓到"凶手"了。于是，便在家里守株待兔。

我在房间里把窗帘拉住留一点儿小缝儿往外看。功夫不负有心人。没过多久，一个戴着墨镜的小男孩儿背着书包走了过来。我看见他把书包放在地上，从里面小心翼翼地拿出几副墨镜，轻轻地给向日葵戴上。我实在沉不住气了便推开了门，马上就说了一句："你为什么要给向日葵戴上墨镜？你难道不知道向日葵是需要阳光的吗？难道你想让我看着自己的向日葵戴上墨镜后因为缺少阳光而死亡吗？"

但是那个小男孩儿却支支吾吾地说："我。我不是故意的。我只是不想它们被阳光伤害，眼睛也因此失明。我的眼睛就是这样因为小时候长时间对着日光灯看而失明的。姐姐，你知不知道太阳光可是比白炽灯还亮呢。"听完这个小男孩儿说的一番话后，我怔住了。我轻轻地摘下他脸上的那副墨镜，发现他的眼睛里竟是灰蒙蒙的一片浑浊。我把那副墨镜给他戴上，并且也把另外几副眼墨镜给向日葵戴上了。

一个永挂嘴角的微笑

这戴墨镜的小男孩儿在我心灵深处种植了透明豁亮的阳光，他使我懂得了深沉的爱，并受到了一次美的教育。

我爱豆腐花

陈　思

天气稍冷，我便经常缠着妈妈到街上吃豆腐花。

豆腐花是用没有点卤的豆腐做成的。中等大的白瓷碗，先放入少许酱油、麻油、醋、味精、大头菜丁、芹菜等材料，再用铜制的大勺在一直用小火温着的大锅中轻轻浮在上面一舀，又白又嫩的豆腐花便盛到了碗中。

只要花上一元钱，便能买到满满一大碗热腾腾的豆腐花。我用小勺子在碗里轻轻一搅，诱人的香味扑鼻而来，立刻勾起了我的食欲。顾不得烫，小心地吃上一口，那柔软爽口的豆腐花就顺着喉咙滑到肚子里去了。我狼吞虎咽地吃完这一大碗，鼻头上已经是汗津津的，身上也暖洋洋的，冬天的寒冷立刻被驱散了。

吃的次数多了，妈妈便和卖豆腐花的阿姨熟识起来。妈妈给我讲了她的故事：

两年前，她下岗了，丈夫早她一年也因病下岗了。儿子还在上初中，她一下子就成了家里的顶梁柱。她不能倒下，所有的痛苦和眼泪都必须独自咽下。

以前在工厂的时候，她每天都是七点起床，不慌不忙的。现在，

152

她忙碌得像头骡子。每天半夜起床，磨豆子，做豆腐，干家务，下午便到街上卖豆腐花。

刚出摊时，大家都担心她卖不出去。大家也无法想象个性温柔、腼腆的她在大街上卖豆腐花。没想到摆摊没几天，她的嗓门就一下子亮了起来，对着街上熙熙攘攘的人高喊："卖豆腐花！豆腐花营养又便宜哦！"有些时候，她甚至还会编出一些新词，引得来往的人不时地将目光投向她，生意自然不错。虽然说比以前辛苦了许多，但总算是自食其力，生活也有了奔头。

由于她的努力，她小小的摊子竟然出了名，兴化电视台还专门报道了她的美食小摊。

吃着豆腐花，看着眼前这个一脸微笑的阿姨，我丝毫感觉不出她的苦闷和哀愁。她仿佛就是一朵美丽自信的豆腐花……

我爱家乡的豆腐花，更爱像豆腐花一样勤劳的家乡人，他们过着虽然清贫但却有滋有味的人生！

153

缩水的"传家珍宝"

孙嘉存

秋天，姥姥花了很多钱买了一件兔绒毛衣。它是浅绿色的，胸口绣着水红色的珠片组成的鸟儿，阳光一照，熠熠生辉。姥姥穿着它，犹如风中的绿荷，令人眼前一亮。大家都夸她："眼光棒极了，颜色漂亮，质地又好……"还有阿姨借它去参加时装表演呢。姥姥自然超级开心，视这件毛衣为"传家珍宝"。

有一天，姥姥提着一个看起来很大牌的袋子来我家。一进门，她就郑重地走到妈妈面前，小心翼翼地拿出那件兔绒毛衣，说："这件毛衣可是很珍贵的啊，我吃胖了，穿不了了，现在我把它传给你，你一定要好好地穿啊！"妈妈看着姥姥一脸庄重的样子，便迎合她，说："放心吧妈，我一定会好好爱惜的。等我不能穿了，再传给我儿子。"姥姥听了，满意地笑了。

快过年了，妈妈说："我不打算买新衣服了，把你姥姥送我的'传家珍宝'洗洗，穿上它去你姥姥家拜年，你姥姥一定很开心。"

洗衣机停止转动后，妈妈抹去额头上的汗水，取出散发着香味的兔绒毛衣，很隆重地走到阳台上，工整地把毛衣晾好了。"传家珍宝"沐浴着冬日的阳光，看起来更加水灵了。

晚上，我去阳台上收衣服。"咦，妈，你啥时候洗了一件小孩儿穿的毛衣啊？"我拿着小毛衣，连忙跑到妈妈面前给她看。妈妈看看毛衣，翻过来，呀，是姥姥传给她的"传家珍宝"！它……它……它怎么变小了？好像被施了缩身术，长度不及原来的一半了。妈妈赶紧给姥姥打电话，主动承认错误。姥姥得知"传家珍宝"被毁，心疼得直"哎哟哎哟"，在电话里教育了妈妈一番："兔绒毛衣只能干洗，因为毛的结构不同，兔毛外层有鳞片，就像鱼鳞一样。当兔绒毛衣被揉搓后，毛的鳞片卡在一起，很难再拉开，毛衣就缩水了。"妈妈不住点头，嘴里不停说："这下长知识了，这下长知识了……"

看着变小的衣服，我哈哈笑个不停，赶紧穿在身上。毛衣绷在身上紧紧的，厚厚的，长度才到我的肚脐眼。妈妈摸着毛衣，眼里全是懊悔："这'传家珍宝'传得有点儿快，直接隔代传了哈！"我一边照镜子，一边故意扭着腰说："姥姥这会儿看到我，会不会以为多了个外孙女呢？"妈妈也被我逗笑了。

154

人在囧途之吃方便面

李沛文

　　早就听说马来西亚是个风景秀美的旅游胜地，暑假，我终于一睹它的真容。我们一家畅游了波得申的蔚蓝海湾，欣赏了云顶的缥缈云雾，领略了吉隆坡的繁华街市，一切都如传说一般美好——除了吃饭。

　　马来西亚的一日三餐几乎都是一个味道——咸。对于吃惯了麻辣火锅、毛血旺、水煮肉片这些美味的重庆人来说，无异于一种折磨。前两天还能忍受，到了第三天，我们实在是受不了了。于是，我们决定来一次"味觉突围"——到酒店旁边的便利店买几包方便面，尝尝马来西亚式的辣。

　　由于对辣的渴望，在选方便面的时候，有没有辣椒标记成了唯一的标准。我是我们家的"喜辣小千金"，但又不能吃太辣的，所以我选了一个看起来只是"微辣"的方便面。爸爸是个"爱辣超人"，他果断地选了一种辣椒图标特别多的方便面。妈妈每次吃饭都无辣不欢，自然选了最辣的一种方便面。

　　结完账回到房间，大家迫不及待地忙碌起来：爸爸取出水壶烧水，妈妈把方便面桶一个一个打开，我则拿出调料包研究起来。调料里面有香油和辣椒，看起来和中国的方便面调料差不多。除此之外，

一个永挂嘴角的微笑

还有一个白色的小纸袋，看不到里面装的是什么，包装上也没有明显的标记。这不会是马来西亚方便面的"秘密武器"吧？

水烧开了。爸爸往方便面桶里加水，我把调料包一包一包地撕开，往桶里加调料。当我打开那个神秘的白色袋子时，妈妈突然一声尖叫，把小袋子夺了过去。她大吼："你怎么能把这个倒在面里？这好像是干燥剂！"听她这么一说，我也吓了一跳，心想：幸好没倒进去，不然中毒了可怎么办？

爸爸拿起小纸袋，用手捏了捏，又用鼻子闻了闻，说："以前见过的干燥剂颗粒都比较粗，这包东西很细，应该不是干燥剂。"妈妈还是不放心，决定上网查一查。但酒店的网络信号不好，网页老是打不开。泡面的香味已经慢慢地散发出来，馋得我口水都差点儿掉下来了。我忍不住尝了一口，总觉得差点儿什么味道。我想，或许那个小袋子里装的真是"秘密武器"。当我把这个想法告诉妈妈时，她居然大发雷霆："要真是干燥剂，吃了是会出人命的！"

这时，一声"哈哈"打破了僵局。爸爸郑重宣布，经过他的仔细查看，在纸袋包装上发现了一个印得很浅的单词——salt，也就是说，袋子里装的是食盐！我恍然大悟：难怪刚才尝的泡面差个味道——差咸味呀！

在笑声中，我们高兴地享用起了异国他乡的美味……

10 个还是 11 个?

蓝 晨

上课了，林老师走进教室，微笑着说："同学们，请仔细观察《口语交际》的第一幅图，看看树上藏着什么秘密。"

没等老师说完，许晖翔就举起了手，兴奋地喊道："老师，树上有11个人头！"接着，又有两个同学举起了手。我把目光转向其他同学，他们有的用手指指着图片一个一个地数；有的歪着脑袋趴在桌子上数；有的竖起书本眼睛瞪得溜圆，生怕漏数一个。而我，数了一遍又一遍，可是一会儿10个，一会儿8个，一会儿又变成了11个。数着数着我都晕了，脑子里堆满了问号。怎么办？我只好集中精力认真再数一遍，1、2、3……这次我数一个画一个，生怕多数或少数了。数完了，结果是10个。

"几个呀？"林老师问。

"10个！"同学们不约而同地说。

"11个！"林老师诡异地说。

啊？11个？明明是10个呀，哪来的11个？我闭了一会儿眼睛，又数了一遍，还是10个。

"认为是10个的举手！"

许多同学齐刷刷地举起了手。有几个同学看见这么多同学举了手，我也犹犹豫豫地举起了手。

"认为是11个的举手！"

也有几个同学坚定地举起了手。

当然，班上还有几个同学两次都没举手，他们还在举棋不定呢。

林老师的目光扫过每个同学，然后，大声宣布："10个！"

"耶！"认定10个的同学欢呼起来。

林老师请余文彬上台指一指那十个人头在哪儿，余文彬乐颠颠地走上讲台，逐个指给同学们看，然后又走回自己的座位上。

班瑞安静下来，林老师清了清嗓子，说："同学们，开学第一堂课，我就告诉过你们，在学习中，要做到不唯书，不唯师，不唯上。今天，林老师考验了你们一回，有些同学坚定了自己的看法，有些同学被别人的看法左右，有些同学更是表现得不知所措。记住，今后无论做什么事情，请自信些、勇敢些，大胆表达自己的意见，千万不要没主见，优柔寡断，甚至被别人牵着鼻子走。"

158

"自信些、勇敢些，大胆表达自己的意见……"林老师的话一直回响在我的耳畔……

名贵文雅的君子兰

魏志月

世界上有人喜欢色彩艳丽的牡丹；有人喜欢芬芳吐艳的月季；有人喜欢千姿百态的菊花；也有人喜欢芬芳扑鼻的茉莉……但我却喜欢

那名贵文雅的君子兰。

我家有一盆君子兰。刚开始，我仔细地观察那盆君子兰后发现：它那肥壮的茎像圆鼓鼓的小皮球，更像大蒜头和洋葱头。刚长出来的叶子是嫩绿色的，时间长了就变成深绿色的，过了几天，从叶片中间长出一根手指般粗细绿色的花茎，我摸了摸花茎，感觉君子兰的花茎硬硬的，厚厚的，在扁扁的花茎顶端长出了四五个豆粒般大小的绿色花苞，随着花柱一天天长高长大，那些花苞也渐渐饱胀起来，花苞终于绽放了！小喇叭般的花儿火红火红的，鲜艳夺目，像天边的红霞、像燃烧的火焰，花儿翩翩起舞，真是美不胜收，让人迷醉。

它虽然没有太阳花、梅花那么坚强，但是它在我心中却非常清秀。君子兰——它那碧绿挺秀的剑叶、富贵丰满的花容、艳丽的色彩、细腻的花瓣，盛开时灿烂夺目，有着热烈欢舞和娇莹发光的气氛，使人心旷神怡。花蕾站在一层兰叶间，像骄傲的公主亭亭玉立，又像指挥千军万马的大帅霸气十足。

妈妈告诉我："君子兰喜半阴，气温以十至二十五度最适宜，适宜在疏松肥沃的微酸性有机质土壤内生长。君子兰正常情况下每年开花一次，所有的中国君子兰都属于大花君子兰，且花色以红色和橘色为主。"

君子兰虽然一年只开一次花，她的花香和美丽也只能展现一个月，但是我还是喜欢它那墨绿的大叶子。

我忽然想起曾有这样的诗句赞美君子兰："叶宽常叶绿，脉络宜分明。金盘托红玉，银蕊发幽情。立似美人扇，散如凤开屏。端庄伴潇雅，报春斗寒冬。"

我喜欢那名贵文雅的君子兰，君子兰用它自己的美，点缀了我的家！

等待妈妈的夸奖

韩 伟

妈妈在我的学习和生活中扮演着一个重要的角色。她一直帮助我，鼓励我，使我不断地进步，可有时……

有一次，学校举行了一次月考。在考试的过程中，无论哪一门科目，我都是认真地答，生怕做错了哪一道题。

不久，考试结果出来了。我考得还不错，被评上了"三好学生"。我很高兴，心里想，要是我把这一好消息告诉妈妈，妈妈肯定非常高兴，一定会表扬我的。

回到家后，妈妈正在做饭。我连书包都没放下，就跑进厨房向妈妈喊道："妈妈，我得奖了！我得奖了！"

妈妈转身看了看我的奖状，只是笑了笑说："继续努力！"然后又转身做饭去了。我只好拿着这张来之不易的奖状转身回了房间。

虽然得了奖，但我却一点儿都不开心。因为刚才妈妈的眼神里根本就没有那种我希望看到的兴奋的感觉。

于是我就暗暗地发誓："下一次考试，我一定要好好表现，然后一定拿到妈妈的面前，我一定要让妈妈好好夸我一番！"

在以后的日常生活里，我处处做一个懂事的孩子。每天帮爷爷奶奶端饭，双休日就主动打扫房间，帮妈妈干家务，等等，为的就是让

160

妈妈每天都有一个好心情。同时，在学习上我一直在暗暗努力，丝毫不敢松懈。

期中考试后，我把试卷拿出来。我感到心里很紧张，害怕拿到妈妈面前会像上次一样。最后，我鼓起勇气，走到妈妈面前。不过这一次，妈妈很认真地将试卷从头看到尾，终于，她抬起头，微笑着看着我好一会儿，眼睛里满是赞赏的神情。这时，我感觉心里像春风拂过一样舒畅。

快乐的一天

杨家更

161

每个人都会把快乐的一天永远记在自己的心中。我也有最快乐的一天，那就是2017年7月14日。

7月13日，我们全家就做好了去依兰巴兰河漂流的准备。7月14日，早上三点半，我们就开始出发了。

那天的天气非常好，晴空万里、空气新鲜。爸爸和小叔每人开一辆车向依兰巴兰河方向奔去。一路上我觉得天比以前更蓝，云比以前更白，路边的花草树木都在向我们微笑，一切都显得那么美丽。

时间过得真快啊！一转眼我们就到了依兰巴兰河。巴兰河很长，是松花江的支流。我们把一辆车停在山下，开着另一辆车上山，买了一张66号的票，我高兴地说："六六大顺，这张票真好。"我们排了一会儿队，终于到我们了。

我们全家向船上跑去。我们先穿上救生衣，然后拿起"武器"跳到船上，工作人员在船尾帮我们保持船的平衡。我们已经准备好了，马上就要进行"水上战斗"了。妈妈和奶奶在后面划船，小婶在她们前面保卫，小叔和爸爸在我后面攻击，我在最前面，全身趴在船里，只把脑袋和水枪露在外面，我看见了别人的船，他们正在打水仗，我叫妈妈她们快划。我们越来越快，已经跟在了别人船的后面，小婶、小叔、爸爸和我已经做好了战斗的准备，我先向那个主力开了一炮，只见一道水柱，正好喷到了他的头上，爸爸他们也拿起盆子往他们身上泼水，他们还没反应过来，就已经被浇成落汤鸡了，看着他们狼狈的样子，我们哈哈大笑。"敌人"们非常慌乱，他们想逃走，但不可能了。在我们猛烈的攻击下，他们只好举手投降了。

过了一会儿，我们全上了岸，休息了十分钟，就又开始漂流了，我们又看见了那个被我们打投降的那条船，可是这次他们有了两条船的救兵，我们被他们包围住了，他们全军出动，把我们打得非常惨，我们的"兵器"已经不足了，只好投降了。

战斗结束了，我们慢慢地划着船欣赏着河边的美景。当船划到举世闻名的一棵松景点时，妈妈让我们站在船上，把我们和这美丽的风景摄进了镜头。我们到了终点，恋恋不舍地离开了巴兰河。

中午，吃完饭后，我们又去佳木斯玩。主要游览了佳木斯的公园。公园里的景色特别美，有凉亭、喷水池——我们开心地玩着，公园里到处是我们的欢声笑语。

玩完到家后，已经是晚上十二点多了，我们全家人都感到非常开心！

这可真是快乐的一天啊！它将永远留在我的记忆中。

煨 山 芋

张 翔

牛屎煨山芋，听起来都让人大倒胃口，还会让人有食欲？它却是父亲记忆中的美食。

据说父亲儿时是个不折不扣的顽童。放学回家的那一段田间小路，常被他蹦跳得情趣无限，俨然是一首未经修饰的田园小诗。赭色的小路在田野间蜿蜒，路两旁的青草如飘带相随。途经邻家山芋地，禁不住诱惑，父亲不免动了"偷窃"的念头。于是，父亲操起两只五齿小"肉耙"，迅速扒出几个细长红润的山芋，用衣服裹着，乐颠颠地跑到溪边。

洗净山芋上的泥土，用半湿不干的牛屎"包装"一下，然后挖一个小土坑，放一些干枯草，再把"包装"好的山芋放进去，填满干牛屎。火柴"哧"的一声，枯草着了，也引燃了牛屎。一脉潺潺的溪水，一个守候的少年，袅袅的青烟随风飘荡，简直就是一幅绝佳的风景画。

父亲说，煨熟的山芋又香又甜。

用牛屎烘烤出来的山芋，城市的孩子甭说享用了，听了也会觉得要恶心呕吐了。这也许就是城里与乡下的孩子的区别吧。

如今，父辈那种清贫的农家子弟所特有的野趣与欢乐，也似乎浸

一个永挂嘴角的微笑

润到了我的心里。双休日，倚着高高的田埂，在冬日正午的阳光下，几个身影在田埂上下飞快地奔跑着，活像一群忙忙碌碌的蚂蚁。这正是我和我的同伴在烤山芋。我们有的折枯树枝，有的收集干草，有的挖坑垒灶，忙得不亦乐乎。

点火烤山芋的一刹那，欢声笑语随烈焰飞腾。

柴火堆里烤出来的山芋，十有八九是外焦内生的。我想，要是在家里，肯定谁也不会吃的。但在这里，大家却吃得津津有味。因为大家品尝的不仅仅是块山芋，还有一份快乐的心情。这种快乐，就像父亲当年的用牛屎煨山芋时的感觉，无论过多久都会回味无穷。

至此，我才真正感受到：美食，应在全过程的参与中获得，而非纯粹地去享用。牛屎或柴火堆里煨出的山芋，貌虽丑陋，但比起现代文明制作的食品，更让人回味和留恋。

第一次"淘宝"

熊佳佳

"丁零零，丁零零……"妈妈正在睡午觉时，一个陌生的号码打来了电话，我心里盘算着我网上订购的东西差不多要到了吧？难道是我的包裹到了吗？我立即把耳朵凑到妈妈的电话旁边，认真地听通话内容。果然，电话是送快递的叔叔打来的，让妈妈去拿包裹。

我自告奋勇去拿包裹，激动地三步并作两步往楼下冲。从送快递的叔叔手中接过包裹，我别提多高兴了。在回家的途中，我就迫

不及待地拆开了一个包裹，闪闪发亮的红皮鞋静静地躺在盒子里，与我想象中的一模一样，我真想马上穿上试试。回到家，我又心急火燎地打开另外一个包裹：发饰套装完好无缺地展现在我的眼前，与网上看到的一个样。两件宝贝都是我喜欢的，我心里像吃了蜜一样甜。拆完包裹，我立刻把鞋穿在脚上，把发饰戴在头上，高兴得满屋子乱跑。

　　说起我第一次"淘宝"的来龙去脉，那可是十分有纪念意义的哦。前不久，我的作文在"东方少年·中国梦"作文大赛中获得了三等奖，我和我的指导老师周老师，各得了一张一百元的"当当网"购物卡的奖励。周老师把她的那张购物卡送给了我，鼓励我再接再厉。收到两张一百元的网上购物卡，我激动了好几天，心想：我终于可以在网上"淘宝"了。可是用这二百元钱买点儿什么好呢？我正犯愁时，购物卡上的信息提醒了我，我可以在网上买衣服、鞋子，还有发箍……

　　于是我打开电脑，登录妈妈的当当网账户，激活了二百元的购物卡。当当网上的东西真是琳琅满目，我不敢草率地做决定，只好把中意的东西加入购物车，最后让爸爸妈妈为我做决定。谁知他们竟说："你要自主、独立，这点儿小事你自己看着办吧。"

　　虽然爸爸妈妈让我自己做决定，但是他们还是给我讲了很多网购的知识，如选购物品时，要多看看别人对这个商品的评价、看看店家的信誉度等。我一咬牙一跺脚，买了一个发饰套装。有了购买发饰的经验，我又开始买鞋子，我选中了一双漂亮的红色皮鞋。

　　买了发箍、鞋子之后，只剩七十多元了，我心想：看来裙子只有买便宜点儿的了。选既漂亮又便宜的裙子可真难，我在网上看了好几天都没找到合适的。不过功夫不负有心人，我终于找到了一款只要六十二元的漂亮裙子。

　　这不，今天到货的是先买的发饰套装和皮鞋。我穿上新鞋、戴上

一个永挂嘴角的微笑

发饰正激动得满屋乱跑时，爸爸提醒我仔细检查，看看商品有没有质量问题，没问题好确认收货并对商家进行评价，我这才消停下来。

　　通过这次"淘宝"，我体会到了科技的发达，也学会了自己独立处理事情。